EMBRANDT'S
OLLAND

伦勃朗
画笔下的荷兰

[美] 拉里 · 西尔弗 Larry Silver ____ 著
徐明皓 ____ 译

人民东方出版传媒
People's Oriental Publishing & Media
東方出版社
The Oriental Press

目 录

Contents

图 1 《磨坊》（*The Mill*），布面油画，创作于 1645—1648 年[1]

① 除特殊标注外，本书所附配图作者均为伦勃朗。——编者注

前　言

图书馆里几乎可以随处找到关于伦勃朗的书。有能让人全面了解到他整个职业生涯中关于他个人生活和作品研究的书籍，也有关于他个人作品的详细研究，还有对这个艺术家作为画家、绘图家或版画家的技术研究。已经有很多关于这位艺术家的畅销书出版了，书写得很好，研究得也很透彻。那么为什么还要写一本呢？这本书和早期的入门研究又有什么不同呢？

首先与我个人的一些经历有关。我同这位艺术家有着五十年的不解之缘，我的奖学金和我的教学生涯都与他息息相关。我的毕业指导教授，已故的西摩·斯利韦（Seymour Slive）院长是他那一代公认的伦勃朗研究专家，所以早期，我就能获取到很多关于伦勃朗和他所处的年代的权威信息。

关于我对伦勃朗研究的记录最早可以追溯到三十年前，当时我为《大不列颠百科全书》（1988 年版，*Encyclopaedia Britannica*）撰写了一小段；随后在 1992 年，我在里佐利出版社出版的一系列热门丛书里撰写了一篇引言；之后我又花费多年时间同另外一位同事，也是一位伦勃朗研究专家、名誉教授谢莉·佩尔罗夫（Shelly Perlove）撰写了一本书——《伦勃朗的信仰：荷兰黄金时代的教会和圣殿》（2009，*Rembrant's Faith: Church and Temple in the Dutch Golden Age*）。当时，阿姆斯特丹正处于一个动荡不安的时期，社会和文化环境不断变换，在这本书中，我们分析了伦勃朗职业生涯中所有绘画和版画作品中的宗教内容。从很多方面来说，我们这本书虽然内容不多且更易读懂，但也都是来自那些庞大的学术著作。这本书也将伦勃朗置于他所在的城市和他所处的年代来研究。可以说，大部分关于伦勃朗的传记都和他的职业有关，按照时间进行描述，其实是把他给孤立起来了。

当瑞安可信（Reaktion）出版社找到我要我为其“文艺复兴时期之巨匠”系列撰写一本关于伦勃朗的小传时，我选择把伦勃朗和他身边的人、事、物联系起来，比如：阿姆斯特丹这座城市和市民（包括那些对他不感冒的人），这座城市里错综复杂的宗教派系、多种多样的民族（包括他的出生地莱顿地区的大学神学家），甚至还会把伦勃朗和当时的政治局势联系在一起，特别是涉及海牙总督王室的时候。他曾热切寻求王室的支持，但最终却徒劳无功。在撰写过程中，我还尝试着介绍了几位伦勃朗艺术生涯的领路人，特别是彼得·保罗·鲁本斯（Peter Paul Rubens）。此外，我还列了一份文艺复兴时期意大利著名艺术家的名单，包括乌得勒支画家。伦勃朗年轻时接触卡拉瓦格主义（Caravaggism）正是通过他们。

虽然这本书也是从伦勃朗的传记、职业和自画像（伦勃朗是有史以来最多产的自画像艺术家之一）这些必要的因素中来找思路，但书的后几章也概述了荷兰共和国的历史。荷兰曾经历过长期的叛乱，伦勃朗在世期间，这个共和国终于实现了民族独立。这位艺术家的宗教和政治信仰仍然难以确定，但他也认真参与到了上述更广泛的问题的解决中，这些内容构成了后续章节的大纲。他在世期间，恰逢荷兰共和国（Dutch Republic）的正式成立和早期国家历史的形成期。就现代尼德兰（Netherlands）来说，荷兰（Holland）是其最大、最繁荣的省份。所以这本小传的名字有双重含义，《伦勃朗画笔下的荷兰》（*Rembrant's Holland*），既指他的作品，也指他所处的社会。

图 2 《自画像》(*self-portrait*)，布面油画，创作于 1659 年

引言：新荷兰人的出现

历史是在1595年发生变化的。当时由科内利斯·德豪特曼（Cornelis de Houtman）组建的一艘荷兰舰队成功抵达了东印度群岛，也就是现如今为人所熟知的香料群岛[①]（Spice Islands）。尽管遭遇重重险阻，但这次航行收获颇丰。荷兰人在矮脚鸡镇（Town of Bantam）附迈的爪哇（Java）建立了据点。1597年8月，在返回途中，船只渡过了整个印度洋，抵达了好望角（Cape of Good Hope）附近和大西洋北部，带回了一船珍贵的货物。很快，越来越多的荷兰舰队便带着武装前往建立自己的就訃殖民地贸易站。当地人曾把这片地区称为巴达维亚（Batavia），荷兰人给这里起了个新的名字——爪哇。荷兰人在欧洲一直做着买卖，远达斯堪的纳维亚半岛和俄罗斯。为了与葡萄牙通往东南亚传统香料种植区的葡萄牙航线相抗衡，荷兰船只甚至冒险

① 公元15世纪前后，欧洲国家对东南亚盛产香料的岛屿的泛名。

在北边开辟了一条新航线，但冬天还是在俄罗斯北边冰海的新地岛（Nova Zemblya）受到了阻碍。

1598 年，德豪特曼的回归直接导致了几个私人舰队的形成，但在 1602 年，政治家（也是荷兰倡导者）约翰·范·奥尔登巴内费尔特（Johan van Oldenbarnevelt）将这些竞争对手组织到了一起，成立了一个由国家赞助的垄断企业，一家颇具开创性的股份制公司——荷兰东印度公司（VOC 是其荷兰名称的缩写，也是公司货物的首字母缩写）。1600 年末，伊丽莎白一世颁布了宪章，英格兰也成立了自己的东印度公司。不久，荷兰东印度公司就开辟了一条通往亚洲的常规贸易航线，沿线有几个已经建立的前哨基地，像开普敦（Cape Town）、科伦坡（Colombo）、望加锡（Makassar）以及巴达维亚。最终他们在亚洲形成了一个特色的三角形贸易航线：从日本运输银币到中国，用来购买丝绸和瓷器，再把这些货物换成香料，然后返回欧洲。实际上，在进入现代之前，荷兰东印度公司就建立起了一种全球商业和消费模式，并成功把茶、咖啡和瓷器介绍给了世界各地的消费者。

荷兰东印度公司由七个独立的荷兰港口城市的代表组成，其中新崛起的阿姆斯特丹占据了主导地位。公司的组成也反映了各个省份之间微乎其微的联系。上述省份也是17世纪初建立的荷兰共和国的组成部分。现在被称为“荷兰起义”（Dutch Revolt）的运动始于16世纪60年代，是西班牙国王腓力二世（Philip Ⅱ）统治下的独立运动。1568年，西班牙特遣队对荷兰贵族的严厉惩罚导致了尼德兰联省、现代比利时和法国北部的军事抵抗和全面战争。早期，荷兰起义由威廉·奥兰治[①]（William of Orange，1533—1584）领导。他是在布鲁塞尔宫廷成长起来的高级贵族，在政府担任重要职务，是荷兰、泽兰（Zeeland）和乌得勒支地区（Utrecht）的总督（也可以说是总督、中尉），这些地区也是后来荷兰共和国的主要省份。虽然“沉默者”威廉在1584年被暗杀，但却被尊为国父。荷兰共和国在荷兰最初的17个省份中发展起来，反抗军将共和国分成了两部分，一个在南部，仍属西班牙管制，该地通常被称为佛兰德（Flanders），名字来源于南部最大、最繁荣的郡，面积和现在的比利时大致相同。佛兰德与其余七个联合省分开后，这七个省份被称为荷兰（名字来源于其中人口最多、最繁荣的省份），由乌得勒支联盟在1579年建立。最终一场大战在1585年爆发，当时亚历山德罗·法尔内塞（Alessandro Farnese）率领的西班牙军队夺回了安特卫普，

① 即“沉默者”威廉。威廉一世，被尊称为“荷兰国父”。

统治了尼德兰南部（1578—1592），但未能向北推进。1609年至1621年南北休战，国界也在此期间建立。1648年，这场为期三十年的战争终于结束了，《威斯特伐利亚和平条约》也承认了两国的国家划分。

奥兰治家族（The House of Orange）仍然是统治者，主要是担任军事指挥官。第一位是“沉默者”威廉的儿子，拿骚的莫里斯（Maurits of Nassau，1567—1625），继任者是他最小的弟弟弗雷德里克·亨德里克（Frederik Hendrik，1584—1647）。他们在海牙的王宫决定了议会的所在地。实际上，除了军队以外，新国家的联邦政治结构仍然是分散的，实权掌握在主要城市及其商人的手中；和东印度公司一样，政治和贸易都由荷兰省支配，受阿姆斯特丹主导。

这种政治斗争也与宗教自由运动紧密相连。在信仰面前，西班牙始终不愿妥协，而荷兰人却越来越多地被加尔文主义传教士和17世纪出现的各种其他新教教派所吸引。早在1566年，结束宗教迫害的请愿就导致了城市教堂里宗教雕像和彩绘祭坛被逐一清除，这一运动被称为“捣毁圣像运动”（Beeldenstorm）。乌得勒支联盟的创始文件确保了荷兰共和国宗教信仰自由。此外，在1585年安特卫普沦陷后，来自尼德兰南部的大量移民向北逃亡（数量可能多达10万），其原因往往与宗教有关。在这些人当中，还有来自西班牙和葡萄牙的伊比利亚犹太人，他们到共和国寻求庇护。

加尔文主义（Calvinism）仍是新国家的主要教派，由荷兰归正教会[1]领导，其他宗教信仰只能私下进行。然而，加尔文主义者之间也曾发生过一次重大分裂，这是由莱顿大学预定论（Doctrine of Predestination）的神学争议引起的。该学派于1575年成立，旨在培养改革宗教的牧师。因此，荷兰共和国没有设立任何官方国教。尽管归正教会被指定为“公共教会”，但宗教多元化，特别是新教教派中的多元化，在新国家中占了上风。

真正的宽容仍然受到政治的制约：天主教徒仍旧要遵循他们的信仰；一些犹太商人通过与葡萄牙和西班牙贸易网络的联系而成为新消费品（特别是糖和烟草）的进口商，但他们仍然是法定的二等公民。在阿姆斯特丹，犹太人成功掌控了他们自己的社区，很快便树立了一个真正的公众形象，不用再把那些象征着耻辱的中世纪服装或徽章穿戴在身上。1602年，第一位犹太教徒移民到荷兰，1612年，第一座公共犹太教堂在阿姆斯特丹开放，甚至在1642年接待了来访的总督弗雷德里克·亨德里克。但归正教会完全

① 荷兰最大的基督教会。前身为16世纪宗教改革运动时期成立的荷兰国家教会。

影响了荷兰共和国公众的信仰，教随君定是整个欧洲都默认的一条规则。

荷兰的独立由总督领导，受军队支持，他们在国际贸易中的成功得到了欧洲龙头海军的支持，这支海军和商船队几乎就是一个整体。在荷兰起义早期，武装民船（被称为“海洋乞丐”）就已经成功捍卫了陆地上的军事收益，但国家却开始承担起造船的责任。在17世纪的荷兰战争中，有几位获得胜利的著名海军上将，分别是皮特·海恩（Piet Heyn）、马尔坦·特伦普（Maerten Tromp）和米希尔·德·鲁伊特（Michiel de Ruyter）。这些英雄去世后都被埋葬在精心雕刻的教堂墓葬中，其中两人的葬身地就在“沉默者”威廉位于代尔夫特（Delft）的墓地旁。17世纪中期过后，荷兰海军的霸权地位开始受到了挑战，在一系列英荷战争中（1652—1654，1665—1667）被击败，不列颠成为新的海上霸主。

依照当时的欧洲标准，荷兰军队规模相对较小，最初还遭到西班牙的入侵和围攻，屡屡受挫，众所周知的几场战役发生在哈勒姆（Haarlem）、米德尔堡（Middelburg）和莱顿（Leiden）（1572—1574），还有十二年休战期结束后，在17世纪20年代爆发在布雷达的战役。西班牙人利用洪水，筑起了另外一条防线，打破了堤防才使这几场战役结束。然而，荷兰共和国却在军队纪律和战术方面有了新想法，特别是在拿骚的莫里斯领导之下。和西班牙军队中大规模的编制相比，莫里斯的军队规模较小但彼此之间关联紧密，就像公司一样。为了让军队里的每个人都学会使用新的标准枪支，来自哈勒姆的艺术家雅各布·德·吉恩二世（Jacob de Gheyn II）绘制了一本使用手册，介绍了枪支的使用方法，这本手册叫作《武器演习》（1607）。书中详细介绍了如何装载、如何射击，涉及的武器包括火绳枪、步枪和像长矛一样的梭子枪。这样一来，集体自豪感和团队协作取代了中世纪骑士个人的单打独斗，形成了一种新的军事价值观。

共和国的相对安全在休战期间（1609—1621）得到了保证，但几个最大的港口城市——阿姆斯特丹、鹿特丹（Rotterdam）和多德雷赫特（Dordrecht）——之间的局势却越发紧张。这几个城市的商人希望能在相对和平的环境下进行国际贸易；而海牙的总督和法院却更喜欢通过战争和军事手段来交易。加入奥兰治派系的是由莱顿和哈勒姆领导的其他几个城市，这些城市在早期入侵期间饱经风霜，他们很担心城市会被攻占，自有的纺织品生产也会受到自由贸易的影响。基本上联邦制和自由贸易都反对保护主义，无论是基于军事还是经济方面。共和国没有中央集权，这只会激发各个利益体之间意识形态的冲突，最终导致局势越发紧张，特别是在某些关键时刻。1618年，总督莫里斯逮捕并处决了政治领袖奥尔登巴内费尔特（Oldenbarnevelt），并将最正统的加尔文主义立为国教。他暂时解散了和平党，将共和国带到了内战的边缘。内战持续不断，只在1621年休战结束还有欧洲三十年战争时中断了一阵子。

17世纪中后期，共和国在弗雷德里克·亨德里克逝世后不久就陷入了领导危机。首先，他的小儿子、继任者威廉二世（1647—1650）突然离世。和之前的莫里斯一样，威廉二世是荷兰归正宗教会最严格派系中战争党的强烈支持者和共和国统治的支持者。随后，对政府的真正控制便处在平衡之中，在一代人的时间里，城市和和平党在来自多德雷赫特的大议长约翰·德·维特（Johan de Witt，1653—1672）领导的所谓“无总督时期”中占了上风，约翰是一个像奥尔登巴内费尔特那样的人物。此时，阿姆斯特丹和荷兰都处在巅峰期。三十年内战结束后，国家获得了独立，掌握了政权，这两个城市都成为拥有国际地位的权威城市。

阿姆斯特丹信心满满，建造了一个巨大而宏伟的市政厅，由雅各布·范·坎彭（Jacob van Campen）设计。新的市政厅取代了原有的老建筑，旧址在 1639 年被拆除，在 1652 年被彻底烧毁。新的市政厅于 1648 年投入使用，尽管其间被第一次英荷战争所打断，但在 1655 年，新市政厅还是大规模投入使用。荷兰人的部分胜利还体现在了军事上。由海军上将米歇尔·德·鲁伊特（Michiel de Ruyter）率领的军队在泰晤士河向梅德韦（Medway）大肆进攻，拖走了英国战舰，并于 1667 年 6 月结束了第二次英荷战争。

在路易十四（Louis XIV）的统治下，英格兰与法国结盟，战争最终结束在共和国和约翰·德·维特手里。英法联合舰队在 1672 年发动了攻击，几乎攻陷了整个共和国，随之而来的便是各个省市的相对自治。此后，共和国与法国的战争延续了四十多年，和平党不得不结束了对国家的统治。事实上，1672 年在荷兰历史上被称为“灾难年”。威廉三世（William III）被任命为军事领导人，但总督的职位仍由他父亲担任。德·维特选择了辞职，不久之后，他和他的兄弟便于 8 月 20 日在海牙被暗杀。随着军事上的溃败，阿姆斯特丹交易所也发生了股市崩盘，导致流向伦敦的资金流失，国家也无暇再顾及那些艺术家，很多人都直接失去了国家的支持。从某种意义上来说，为了保护自己的国家，威廉三世于 1677 年与英国公主玛丽·斯图尔特（Mary Stuart）结了婚，通过这层关系，最终在 1688 年的

“光荣革命”（Glorious Revolution）中登上了英格兰的王位（1688—1702），也就是我们所熟知的威廉和玛丽。

荷兰对欧洲文明的贡献（无论是好的还是不好的），都直接来自 17 世纪的历史。新世界的奴隶制在很大程度上都要“归功”于荷兰的商业发展。荷兰人和葡萄牙人在大西洋上素有竞争，在亚洲，他们也很快建立起了这种竞争关系。在 1621 年（就在休战之后），荷兰西印度公司（WIC）成立，成为荷兰东印度公司的对手。海军上将皮亚特 · 海恩（Piet Hein）成为第一个私掠船主。1628 年，他在古巴掠夺了一整支西班牙白银舰队。荷兰西印度公司在 1634 年占领了几个加勒比岛屿，包括阿鲁巴岛（Aruba）、库拉索岛（Curaçao）、博内尔岛（Bonaire）和现代荷属安德列斯群岛（modern-day Dutch Antilles）。1630 年，荷兰人从葡萄牙手中夺走了巴西，并在那里建立了一个生产性的沿海殖民地，主要生产糖和烟草并出口长达 15 年之久。在他们叫作“新荷兰”的地区，统治者是奥兰治 - 拿骚一族的一位叔伯兄弟，拿骚 - 锡根的约翰 · 莫里斯（Johan Maurits），但在 1645 年，巴西北部的葡萄牙天主教徒发动叛乱，推翻了他的统治。1649 年，荷兰彻底丢掉了这块殖民地。1667 年，荷兰占领了圭亚那（Guyanas）和苏里南（Surinam），直到 20 世纪，这两个地区仍然归荷兰所有。荷兰人本是把南美洲这些地方当成种植园来经营，但后来受葡萄牙不断掠夺沿海地区的影响，为了自身的贸易发展，这些地区逐步沦为奴隶的供应地。1637 年，荷兰人攻克了臭名昭著的埃尔米纳堡垒[①]（最早为葡萄牙人建的圣乔治·德尔·米纳堡垒），征服者开始了他们对非洲几内亚海岸的控制，直到 18 世纪，奴隶们被荷兰西印度公司从大西洋上源源不断地运往南美。其间爆发过多次奴隶起义，包括 1795 库拉索岛[②]上规模最大的那次，但奴隶贸易并没有停止，一直持续到了 1814 年。非洲黑人的形象开始出现在由约翰·莫里斯带来的荷兰艺术家在巴西创作的作品中，如艾伯特·埃克豪特（Albert Eckhout）的作品（包括现收藏于哥本哈根国家博物馆的两幅完整的《民族志肖像画》），还有弗兰斯·波斯特（Frans Post）绘制的巴西风景画，画中有或工作或休息的奴隶。这些画作既可被当作艺术品，也可成为荷兰巴西地图中的插画。

事实上，荷兰人绘制的世界地图不止包含荷兰本身和其欧洲邻国。这也是荷兰人在整个 17 世纪对知识做出的贡献。亚伯拉罕·奥特里斯（Abraham Ortelius）出版了地图

---

① 又称埃尔米纳奴隶堡。位于非洲加纳，是加纳沦为殖民地的标志。

② 1662 年荷兰西印度公司将该地变为奴隶贸易中心。

集《世界剧院》（1612 年前一直在印制）。该地图集中的地图绘制工作于 1570 年在安特卫普拉开序幕。随后，杰拉德·墨卡托（Gerard Mercator）绘制了《地图册》，他的创作从 1569 年开始，在 1594 年去世前终于宣告完成。阿姆斯特丹的介入始于约德库斯·洪迪乌斯（Jodocus Hondius），他的公司在 1604 年收购了墨卡托（Mercator）的版画，并将它们更新至 1637 年。洪迪乌斯本人于 1612 年去世，次年出版的地图集中添加了两张图片，上面有两位制图师的肖像。在墨卡托、洪迪乌斯之后，阿姆斯特丹有很多人都在竞争地图制作的霸主地位，最终获胜的是威廉·布劳（Willem Blaeu，1572—1638）的公司。他去世后，其子约恩（Joan，1598—1673）承袭了霸主之位，因为他绘制了四张墨卡托的世界地图。威廉·布劳在 1604 年声名鹊起。1638 年约恩·布劳被任命为荷兰东印度公司的官方地图制作者，从最新的几次国际航行中，他能获得不断更新的地理信息，包括 1642 年荷兰探险家亚伯·塔斯曼（Abel Tasman）发现澳大利亚周边。这片区域也因此被命名为塔斯马尼亚（Tasmania）。

事实上，从前为葡萄牙或西班牙所独有的商业信息流通表明了印刷业在阿姆斯特丹商业体系中占了多大一部分。荷兰作为巴西和东南亚的前哨，在地图上得到了充分展示，各大洲整页地图的边缘处还展示了很多富有异国情调的人物，就像埃克豪特（Eckhout）在巴西绘制的那些陈列在约翰·莫里斯官邸里的人物一样。1635年，威廉·布劳完成了地图册的大纲制作，其子约恩则继续对内容进行填充，并最终绘制出《地图册》（*Atlas Maior*）。这本图册在1662年首次面市，共有11卷，近600张对开地图。这种大制作可不是为了导航，只有富人才能阅览。而它也清楚地向世人展示了荷兰人对整个地球的浓厚兴趣。除此之外，地图本身也是艺术品，经常被当作装饰壁画挂在荷兰人的屋子里；许多绘画作品也会把地图当成背景，包括弗美尔（Vermeer）的许多作品。

这些知识也会出现在阿姆斯特丹出版商出版的书籍中，内容通常都是由旅行者带回的第一手信息，还时常配有插图。最值得注意的是，雅各布·范·梅尔斯（Jacob van Meurs）的公司出版了大量关于远东大陆的书籍，并附有丰富的插图和附图。1664年，总督授予了他一项为期长达15年的特权，让其出版一本由约翰·纽霍夫（Johan Nieuhof）记录的关于出访中国的荷兰使团的书。除了纽霍夫的游记，范·梅尔斯还出版了由阿诺尔杜斯·蒙塔纳斯（Arnoldus Montanus）撰写的关于日本、美国的游记，并配上了插画；此外还有奥尔夫尔特·达帕（Offert Dapper）撰写的关于非洲、亚洲的一系列丛书，尽管这位“旅行家”不曾外出，但他绘制的插画看起来还很精确。范·梅尔斯出版的图书非常受欢迎，也很权威，因此在一年之内，来自伦敦的皇家地理学家约翰·奥格尔比（John Ogilby）就把每一本书都进行了翻译，还重印了原版。

荷兰人对远东的好奇足足持续了一个世纪，可以从那本开启德豪特曼（de Houtman）旅程的书《到东方或葡属印度的航行》的出版开始算起［阿姆斯特丹，科内利斯·科拉埃兹（Cornelis Claesz），1596］。这本书是由伊恩·惠恩·范·林斯顿（Ian Huygen van Linschoton，1562—1611）撰写的，1583年他坐船来到了葡萄牙果阿（Goa），在1592年返回荷兰前，他一直和当地大主教文森特·达·达丰塞卡（Vicente da Fonseca）在一起。林斯顿不仅在书中介绍了动植物，还提到了当地居民，另外还有一张实际用于他航行的导航地图，这张地图由德豪特曼绘制。此外，还有一本关于非洲象牙海岸（今西非科特迪瓦共和国）的书以类似的方式问世，这本书就是由皮埃特·德·马雷斯（Pieter de Marees）撰写的《几内亚黄金王国的描述和历史记录》（阿姆斯特丹，柯奈里斯·科拉埃兹，1602），书中穿插了穿着不同、职业不同的当地人的插图。除了地图，附有图片、充满异国风情的讲述更广阔世界的出版物也在17世纪的阿姆斯特丹涌现。

荷兰的国际商贸和旅游也促使国际法取得重大突破。来自鹿特丹的雨果·格劳修斯（Hugo Grotius，1583—1645），是奥尔登巴内费尔特的密友，正因如此，他在荷兰归正教会的辩论中与其他宗教自由派人士一起被监禁了起来。令人惊讶的是，他躲在自己的书柜里逃离了荷兰，开始了流放生活。他在莱顿大学所受的教育让他成为一名古典语言大师，以及著名的宗教思想家。他会把《圣经》描述置于历史背景之下，但他最为后人所熟知的还是他的法律评论。1610 年，他引用包括《圣经》在内的历史案例探讨了荷兰政府的共和形式，以促进自由、美德和繁荣，但是荷兰还由摄政寡头统治。在他的书《论战争与和平法》（1623）中，格劳秀斯将政治理论和国际法的制定结合到了一起。宗教分歧所导致的暴政也让荷兰归正教会中两个相互冲突的教派产生了分裂，在这个特别时期，格劳秀斯的流亡也从荷兰历史的角度提醒了人们，宽容还是有的，只是没有普遍性罢了。

1619 年，归正宗教会发起的保守派的多德雷赫特会议得出了一个结果，那就是要重新翻译《圣经》，就像 1611 年刚完成的权威英文版，或者说詹姆斯国王版的《圣经》，但这也导致了教徒们的分裂。1626 年，荷兰议会终于同意对该项目进行资助，9 年后，该项目完工，并在 1637 年以《国家圣经》（*States Bible*）的名义得到出版。二十年来，

《国家圣经》印刷了50多万份，和《詹姆斯国王圣经》在英国的地位一样，《国家圣经》和对它的评论在改革派中非常具有权威性。就像德国的路德（Luther）译本一样，《国家圣经》中的短语和词汇在之后几代人的时间里，也对荷兰语的标准化产生了影响和帮助。

伦勃朗的横空出世

之前谈到的诸多人和事都影响到了我们这本书的主人公——伦勃朗·范·莱茵（Rembrandt van Rijn，1606—1669）。他出生在莱顿市，该地在早期的荷兰起义中发挥了重要作用。如前所述，1573年到1574年西班牙军队围攻莱顿时，这座城市遭受了惨烈的打击，但莱顿人英勇抵抗，就像第二次世界大战中反抗纳粹的列宁格勒（Leningrad）一样，让这座城市在荷兰历史上备受尊敬。时至今日，每年10月3日，荷兰人还会庆祝莱顿的解放。这解放来之不易，莱顿人是用摧毁堤坝淹没乡村的代价换来的。他们每年都会吃那些让当时的莱顿市民活下来的传统食物，比如鲱鱼和洋葱，还有现代人吃的焖罐炖菜肉、胡萝卜、洋葱和土豆泥。1575年初，“沉默者”威廉在这座城市开办了大学，致力于培养加尔文主义的传教士，这所大学很快就成为加尔文主义正统观念和内部辩论的大本营。在17

世纪早期的荷兰，这种辩论在宗教和政治上都很沸腾。为了纪念莱顿的伟大解放，朱斯特·兰科特（Joost Lanckert）和伊萨克·克拉斯·范·斯万那博格（Isaac Claesz van Swanenburg）设计了一张挂毯。后者是伦勃朗第一位师父的父亲。他根据《圣经》，为莱顿市政厅绘制了一幅用水来解放的画——《在红海溺水的法老》。经济方面，羊毛和亚麻布的生产加工是这个城市的主导产业。1585 年后，荷兰南部大量人流涌入，当地人口激增到近 45000 人，这也使莱顿成为荷兰第二大城市。为此，伊萨克·范·斯万那博格还为纺织品协会绘制了一系列作品，描绘了当地的帷幔生产工艺。

如今，大家对伦勃朗的生平都很熟悉。虽然是赫尔曼·格里茨·范·莱茵和尼尔特根·维莱穆斯德·范·祖布鲁克十个孩子中的第九个孩子（活下来的第六个），但他的社会地位绝对属于中产阶级，因为他父亲的工作是在莱顿市里老莱茵河附近的城墙边研磨酿造啤酒的麦芽，他的母亲则是面包师的女儿。他的兄弟们要么帮着家里打点买卖，要么从事着手工劳作：一个成了鞋匠，一个成了面包师。虽然他母亲一家信奉的是天主教，但他的父亲和家里其他人却成了归正教会的成员。1641 年，关于这位艺术家的第一本传记出现在了扬·詹茨·欧勒斯（Jan Jansz Orlers）撰写的《莱顿城记》中。他声称伦勃朗就读的是一所与当地大学相关的拉丁学校，跟格劳修斯一样，好像是在为读大学或者接受培训做准备，学习古典语言以便进一步了解法律和神学。他的名字甚至还出现在了莱顿大学的记录中，1620 年，记录显示他进入莱顿大学学习文学，当时正是学校保守派神学家宗教统治的鼎盛时期。即便就是个年轻人，他也不得不对奥尔登巴内费尔特和格劳修斯多留意些，特别是在莱顿这个地方。

但欧勒斯也断言伦勃朗更倾向于追求他的艺术梦想，他的父母不得不从学校中把他带了回来，把他送到当地一位名叫雅各布·艾萨克斯·范·斯万恩伯格（Jacob Isaacsz. van Swanenburg）的画家那里，学了三年画画。雅各布是一位天主教徒，他的父亲伊萨克·克拉斯·范·斯万恩伯格（Isaac Claesz van Swanenburg）是莱顿有名的画家和彩绘玻璃设计师，他的兄弟威廉姆也是知名的雕刻大师，但如今我们也只能通过几张画作了解这位画家了。雅各布现存的主要作品采用了 16 世纪绘画大师耶罗尼米斯·博斯（Hieronymus Bosch）的方法来描绘地狱里的场景，有点老套但还是有市场的。但是后来的画作渐渐转变成了拉丁风格，就像《埃涅阿斯纪》（*Virgil's Aeneid*）中的《先知西比尔带艾尼阿斯参观地狱》（*The Cumaean Sibyl Showing*

Aeneas the under World)。虽然我们无法从欧勒斯那里得到更多推论，但这段不寻常的求学经历说明年轻的伦勃朗是非常聪明的，这段经历至少为他积累了一些基础知识，有助于他开启自己的职业生涯。他对历史相关的题材非常关注，特别是与《圣经》、古代甚至是神话相关的主题，他会仔细研究关于这些题材的文字记录，这不仅是他事业起步的方向，也贯穿了他的职业生涯。他一直把自己当成莱顿的骄傲，这些从他早期作品的一些签名里就能看出来。在签名中，他写道："伦勃朗·哈尔曼松，莱顿人。"

欧勒斯告诉我们，为了职业生涯的进一步发展，在1624—1625年间，伦勃朗在阿姆斯特丹待了6个月，在彼得·拉斯特曼（Peter Lastman，1583—1633）的工作室当学徒。后来，他还搬到了阿姆斯特丹。拉斯特曼也是一名天主教徒，如今的名气比范·斯万恩伯格更大，他可能对伦勃朗下一阶段的练习提出了建议。拉斯特曼在荷兰共和国享有盛誉，这和他在意大利待过一段日子息息相关。1602年到1607年，拉斯特曼一直待在意大利，因此有时他会把自己的意大利名字（Pietror Lastman）签在画作上。基于他在罗马的所见所闻，他的历史类作品总会描绘那些建筑遗迹上关于《圣经》或一些经典的故事。他喜欢用艳丽的颜色和横向的布局来绘画，画作上的人物通常都是全身出现，穿着古董服装，安静地用手势交流，就像古罗马浮雕一样。拉斯特曼选择了戏剧化的场景，暗示着对古时人物场景的绘制即将进入高潮。后来，当伦勃朗在创作同样题材的作品时，他总是会受拉斯特曼创作手法的影响。导师带来的这种影响也表明早期的伦勃朗是想成为一名历史题材的画家的。在彼得·拉斯特曼的影响和指导下，伦勃朗得以领略文艺复兴时期绘画的形式和内容。

1625 年，伦勃朗在莱顿成立了自己的工作室。和当时的阿姆斯特丹、哈勒姆相比，莱顿并没有主要的艺术市场，但他还是一直留在那里，直到 1631 年。但据欧勒斯所言，在 1628 年到 1631 年间，伦勃朗的一位学生格里特·德奥（Gerrit Dou）即将引领莱顿建立一个新的艺术流派——精细画派，这个画派聚集了一批以现实主义手法绘制事物的艺术家。据欧勒斯所说，伦勃朗之后遇到了一位略微年长的名叫扬·利文斯（Jan Lievens，1607—1674）的人。利文斯早年被当作艺术神童，1617 年到 1619 年，也师从拉斯特曼。可能这两位雄心勃勃的年轻画家认为他们可以利用拉斯特曼最新的视觉搭配方法来占领莱顿新兴的艺术市场，而且加入他们并不需要支付会费，两人之间也没有竞争。1631 年之前伦勃朗一直留在莱顿，两人合作紧密，人们都以为他们在共用一个工作室。这在荷兰大多数城市里都是被画家行会禁止的，但莱顿当时没有画家行会。两人一起合作创作了几幅作品，如《参孙和达利拉》(*Samson and Delilah*)以及《拉撒路的崛起》(*Raising of Lazarus*)。两人在合作中，明显受到了彼此的刺激，创作出了一系列画作，表明了两人之间的友好竞争富有成效。就像毕加索和布拉克在立体主义[①]形成时期的亲密互动一样，伦勃朗和利文斯有时也不被同时代的人们和后来的学者所理解。这两位艺术家还会给彼此画像，也喜欢用一些共同的模特和面部形象，特别是老年男性和女性，来绘制人物肖像，在荷兰被称为 tronies（17 世纪荷兰语中的“脸”）。这些面部肖像的绘制是伦勃朗早期作品的主要内容，也贯穿了他整个职业生涯，尤其是职业生涯中期一系列关于耶稣面部研究的画作。

从几个重要的文献中可以看出，伦勃朗和利文斯在早期已经拥有了相当大的知名度。早在 1628 年，伦勃朗就收到了乌得勒支法学家阿诺尔杜斯·布切利乌斯（Arnoldus Buchelius）用拉丁文表述的“赞美”，这表明他在职业生涯

---

① 西方现代艺术史上的一个运动和流派，1907 年始于法国，追求碎裂、解析、重新组合的形式，形成分离的画面。代表人物毕加索、布拉克。毕加索的《亚威农少妇女》(1907 年)，被认为是第一幅包含了立体主义因素的作品。

起步时就已经引起了人们的注意。阿诺尔杜斯写道："莱顿磨坊主的儿子受到了极大的尊重，但为时尚早。"伦勃朗和利文斯真正的名声大噪还要归功于康斯坦丁·惠更斯（Constantine Huygens）对这两位年轻画家的赞美。1631 年，在伦勃朗离开莱顿去阿姆斯特丹之前，这位荷兰共和国北部的"时尚领军人物"同样用拉丁文写了一封赞美信。

惠更斯（1596—1687，图 36）是那个时代学识渊博的绅士政治家的缩影，就像同时期的英国同行塞缪尔·佩皮斯（Samuel Pepys）或托马斯·霍华德（Thomas Howard，阿伦德尔伯爵）一样。他曾担任总督弗雷德里克·亨德里克的秘书和艺术代理人，并且一直为奥兰治家族服务，直到去世。但惠更斯也在从事与文学相关的工作，如将约翰·多恩（John Donne）的作品翻译成荷兰语，他还是一位多才多艺的音乐家。他在1629年到1631年间撰写自传时，对艺术也做了评论；在 1629 年走访了伦勃朗和扬·利文斯的工作室后，还单独提到了他们，惠更斯认为他们是新一代画家中的年轻先锋。但他本人还是认为鲁本斯（Rubens）才是低地国家最伟大的艺术家——他熟练掌握各门学科的知识，不仅是外交官，还是个擅长绘制各类人物的画家，堪称世界奇迹。惠更斯还预测，伦勃朗和利文斯很快就会超过同时期的荷兰画家，成为一对来自莱顿的知名青年。

如果我说他们是芸芸众生中唯二能与我之前的描述相提并论的人，还远远不能彰显这两个人的优点。如果我说他们会在短时间内超越他们自己，我也不会在最好的鉴赏家已经为他们每个人预测的内容中添加任何东西，这起点已经非常高了。在仔细研究这两个人的家庭时，我实在找不到证据来证明二人出身高贵，毕竟一个是绣工的儿子，一个是磨坊主的儿子。

惠更斯在自传里还是把伦勃朗和利文斯当成了小伙子，并对他们进行了比较。他指出利文斯是用“大胆的主题”来绘制大篇幅的画作，但他更喜欢伦勃朗以及他卑微的荷兰血统。

我冒昧地说，伦勃朗的判断能力以及他的作品对人情感的影响力要更胜于利文斯……他会把自己包裹在自己的作品中，在小作品中产生效果，通过缩写来与人交流，这种效果在其他人最大规模的作品中也呈现不出来……他把人们对希腊和意大利的赞誉带到了荷兰，这些赞誉属于这个荷兰人——这个几乎没有走出过家乡的荷兰人。

惠更斯还责备了这对挚友，因为他们总是自我感觉良好，却没有在意大利待过的经历。他认为米开朗琪罗和拉斐尔的成就就非常可观。他希望文艺复兴时期的经历能够提升他们的才能，并“把意大利人带来荷兰”。但他也记录了伦勃朗他们的观点，这对挚友认为意大利艺术已经在阿尔卑斯山蔓延，“阿尔卑斯山以北的国王和王子对绘画有着极大需求，因此他们虽不在意大利，也能看到最好的意大利画作”。他还把伦勃朗和普罗托耶尼斯（Protogenes）、阿培利（Apelles）以及帕拉休斯（Parrhasios）这些古时候伟大的艺术家进行了比较，他认为伦勃朗非常有野心也非常有竞争力，甚至能够达到高贵的古典绘画传统的高度。因而他声称，这两位正值青春的艺术家只是想证明他们自己，所以他们没有可浪费在遥远旅途上的时间。最后，惠更斯还称赞了他们的勤奋，不论是什么职业或年龄的人，和他们都是无法相比的。

大概是在1629年，利文斯画了一幅坐着的惠更斯。画中的惠更斯是一位身着优雅服装的绅士，身着最流行的宫廷黑色的衣服，带有蕾丝领口和袖口，还戴着手套和海狸帽。他安静地坐在那里，双手合十，凝视着一边。1632年他给这幅作品题了词，字里行间透着文艺复兴时期的特点，溢美之词更像是演讲：

他没有说话，但却无声胜有声，
看看正在冥想的惠更斯的脸，
如果你正在寻找灵魂，那么你会看到一个生机蓬勃的人，
这要归功于利文斯独特的洞察力。

在早期几笔重要的售卖中，都能看到两位艺术家的作品。以利文斯为例，他的很多作品都被欧勒斯本人收购了。利文斯的作品包含诸多主题，像圣经、风俗画、寓言、静物，还有利文斯 14 岁时为母亲画的肖像画，这也让欧勒斯震惊于这个年轻人的才华。两位画家的部分早期作品也被英国皇室纳入收藏，很有可能是通过惠更斯与海牙英国大使交涉后抵达英国的。

伦勃朗并不是唯一一个离开莱顿以寻求更多职业机会的人。在惠更斯的介绍下，利文斯于 1632 年动身前往伦敦，按欧勒斯的话说，他是去“见识另一片土地，寻找这片土地上的机会”。在英国，他为查理一世、王室成员还有其他贵族绘制肖像。最终，他在安特卫普定居（1635—1644），并且结了婚，他的事业很成功，但可能不那么波澜壮阔。利文斯基本上改变了安东尼·凡·戴克（Anthony van Dyck）的命运，这位画家于 1632 年从安特卫普抵达英格兰，成为非

常受欢迎的宫廷画家。但他最终还是在1644年回到了阿姆斯特丹，在那里，他参与了17世纪两个最大的荷兰装饰项目：一个是本世纪中叶为海牙宫廷绘制的“橙色沙龙”，一个是阿姆斯特丹市政厅的装饰项目。

伦勃朗早期的一幅作品《工作室里的画家》（*The Painter in the Studio*）似乎已经能够体现出这位画家在创作方面的天赋，但也能看出这位画家在莱顿这些年里对自己未来职业生涯的迷茫，就像一张巨大的空白画布。房间空

图3 《工作室里的画家》（*The Painter in the studio*），布面油画，创作于1628年

荡荡的，门上和墙上还有许多破旧的裂痕。相比之下，在大多数 17 世纪的荷兰艺术工作室的画作中，包括莱顿的格里特 · 德奥（Gerrit Dou）的几幅作品，墙壁的呈现都比较随意，一般挂着风景画或其他一些图片；其他道具一般放在桌子或地板上，像用作模型的物品——头骨、乐器、剑、地球仪、石膏模型，还有从解剖学角度来研究人物的肌肉模型。然而在伦勃朗空旷的作品里，带着阴影的大画架（还有一个更大的画板）占据了中心。画里的艺术家穿着一件工作服，戴着一顶贝雷帽。在伦勃朗诸多自画像中，这个贝雷帽都是标志性的物品。他端端正正地站着，正准备走向画板，右手拿着用于作画的画笔，左手拿着一个小调色板和其他画笔，还有一个槌子，这样他在画画时就能歇歇手。他身后的空墙上挂着另外两个调色板，后面的桌子上放着容器，里边可能盛着油，这些油要么用来黏合重晶石粉末，要么用来增亮清漆。

学者们发现画中的画家和伦勃朗本人的面貌有些相似，这幅作品也是创作于德奥在其工作室当学徒的时候。画中的艺术家很容易被人们理解，他并不是一个特定的肖像，而是更具有普遍性，从艺术家的想象中传达出创作本身的奥秘。伦勃朗很少会提前构图或者绘制草图，在画架和画布上也不会提前构图。在他创作之前，这种强烈的戏剧化灯光效果，不仅把画架和艺术家结合在了一起，也揭示了他在绘制画作时的全过程。这幅作品虽小，却代表了艺术家大胆的想法。他并不只是对模特的临摹，不论是不是伦勃朗的自画像，它都展示了年轻的伦勃朗那伟大的愿望。1631 年，伦勃朗想要去大城市发展，他离开了莱顿，来到了繁华的阿姆斯特丹。

第 1 章

伦勃朗：代表阿姆斯特丹的市民

阿姆斯特丹是欧洲人口增长速度最快的城市之一：从 1570 年的约 3 万居民增长到 1620 年的约 10 万人，1660 年时，人口激增至 20 万人。作为世界贸易的新纽带，阿姆斯特丹从繁荣中迅速崛起，这还要归功于两家股份制贸易公司：荷兰东印度公司（1602 年成立）和主要在新世界贸易的荷兰西印度公司（成立于 1621 年）。这座城市在 17 世纪初（主要是在 1613 年后，直到 1656 年到 1662 年这几年间）大胆向外扩张，在其半圆形南部周边规划并挖掘了几条运河，运河的名字非常大气，分别叫作国王运河、王子运河和绅士运河（运河当中最大的一条）。此后，这座城市新建了 100 座桥梁和 3000 间房屋。

在这个网状扩建的城市中心是水坝广场上的市政厅（图 4），市中心也由此产生。市政厅修建在阿姆斯特尔河（River Amstel）上，这座城市也由此而得名。1648 年，在签署了《威斯特伐利亚和平条约》后，荷兰共和国迎来了真正的独立。阿姆斯特丹开始为水坝广场上的人们建造一座新古典主义的宫殿，作为 1652 年年中被大火烧毁的一座老化建筑的替代品。市政厅由雅各布 · 范 · 坎彭（Jacob van Campen）设计，于 1648 年开始建造，1654 年范 · 坎彭离开后，工程继续。新市政厅有一个巨大的中庭，地板上镶嵌着一幅世界地图，地图来源于阿姆斯特丹布劳公司出版的大地图册。风景画和版画在伦勃朗的作品中相对罕见，1641 年到 1652 年间，他一共创作了 26 幅该类作品，

图 4　雅各布 · 范 · 坎彭设计的阿姆斯特丹市政厅（*Amsterdam Town hall*），修建于 1648 年至 1654 年

大部分是在 17 世纪 40 年代绘制的。在大多数情况下，伦勃朗喜欢把他在乡下或运河边漫步时的情景记录下来，而不是阿姆斯特丹市区。他所绘制的建筑都是古时的遗迹，通常是泥泞的沼泽地区里年久失修的乡村小屋。他在户外工作时充分利用了黑色粉笔的自发性，但也用墨水绘制了大幅略微带有水洗效果的全景画。

大约在 1640 年，伦勃朗为阿姆斯特丹市绘制了唯一的一幅作品（图 5）。1639 年，他在圣安东尼大街买了一所大

图 5 《阿姆斯特丹的风景》（*View of Amsterdam*），蚀刻画，约创作于 1640 年

房子，这幅作品就是在他家附近的堤坝上绘制的。尽管要在构图上展现出高高的、空无一物的天空，这位艺术家还是用阿姆斯特丹的标志性建筑勾勒出了天际线，像针状的教堂塔楼（最突出的是老教堂），防御墙上的 X 形风车还有帆船桅杆。画作中心是荷兰东印度公司的仓库和造船厂，前景是一片沼泽地，水道交叉，芦苇遍地。

一些画家，比如格里特·贝克海德（Gerrit Berckheyde，1638—1698）绘制了水坝广场上的城市景观和雄伟的新市政厅，但伦勃朗并没有绘制这座收留了他的城市市中心的打算。相反，他只绘制了旧市政厅，一幅是用粉笔创造的旧市政厅拆除时的场景，一幅是用钢笔绘制的 1652 年大火后的旧市政厅废墟。

一搬到阿姆斯特丹，伦勃朗就开始绘制肖像画，这类作品最赚钱也最有前途。早在 1631 年，他就开始绘制他最大、最壮观的肖像画中的一幅，他把画画在了昂贵的桃花心木上，这种木头是从西印度群岛进口来的。绘制这个半身人物——尼古拉斯·鲁斯（Nicholas Ruts，图 6）是伦勃朗接到的第一个任务。这也是他对艺术史最重要的贡献之一，代表了他在阿姆斯特丹的同胞们。1631 年到 1635 年这几年间，他创作了四十多幅肖像画，稳固了他的职业生涯。

尼古拉斯·鲁斯（Nicholas Ruts）的生平代表了许多生

图 6 《尼古拉斯·鲁斯》（*Nicholas Ruts*）木板油画，创作于 1631 年

活在阿姆斯特丹的荷兰名人。他是一个移民到阿姆斯特丹不久的人，他的父亲是一名丝绸商人，因为信奉新教门诺派，从安特卫普逃到了科隆。1617 年尼古拉斯 · 鲁斯来到了阿姆斯特丹，接受了归正教会还参与到了与俄罗斯的贸易中。他在一个利润丰厚的荷兰交易所工作，主要是把荷兰的一些成品如羊毛、丝绸甚至是教堂里的钟出口出去，从而换来俄罗斯的毛皮。在伦勃朗的肖像画中，鲁斯不仅展示了他的财富，还透露了这些财富的来源，就像他头上那顶皮草帽的形状还有他那件奢华的斗篷上的紫貂皮饰一样显眼。从画中我们可以看出，模特身侧有一盏光非常强的侧灯，模特非常自信地站在那里，微微侧身，目光坚定地看着画家。模特身前还有一把离他稍微有一点距离的椅子，他的右手搭在椅子上，左手则拿着一张纸，只能隐约看到 1631 年这几个字眼，估计是一份商业文件。伦勃朗手法细腻，从皮毛上的纹理和白色蕾丝领就能看出来；在绘制鲁斯的胡须时，他则在颜料表面进行了额外勾画。面部和手部用了多种色彩进行组合，看上去栩栩如生，仿佛带着温度；同时模特四周的中性背景也得到了巧妙的修饰，显得非常生动。伦勃朗并没有粉饰鲁斯的脸，反而凸显了鲁斯眉宇间的皱纹和眼袋。因此我们看到的就是一个富有又严肃的鲁斯，仿佛活生生地站在你面前。

这幅作品使得伦勃朗在竞争激烈的阿姆斯特丹肖像画绘制市场里立刻占据了主导地位，超过了托马斯·德·凯瑟（Thomas de Keyser，1596 或 1597 年 —1667 年，图 36，1627）等先前的竞争对手。尼古拉斯·鲁斯很可能是通过伦勃朗在阿姆斯特丹的新画室找到他的。后者当时已经住在了亨德里克·乌伦博格的工作室里（Hendrick Uylenburgh）。乌伦博格是一位著名的艺术品经销商，他为帮他绘画的年轻画家们提供住宿和工作室。乌伦博格也是门诺派的信奉者，这也印证了那些来到阿姆斯特丹商业中心的宗教移民是可以充分利用自己的人脉的。他在模特和肖像画家之间搭桥牵线，在 1631 年和伦勃朗相识前，这位经销商还没有自己的工作室。两人之间的密切联系也给伦勃朗个人带来了影响。1634 年，伦勃朗和乌伦博格的侄女萨斯基亚·乌伦博格（Saskia Uylenburgh）结了婚，1635 年前，他们一直和乌伦博格住在一起。那段时期也是伦勃朗职业生涯中肖像画最高产的时期（他在莱顿根本没画过肖像画），他一百张肖像画中的一半都是在他和乌伦博格共同生活、工作的那段日子里创作的。

跟鲁斯一样，马尔丹·鲁顿（Marten Looten）也是伦勃朗一个重要的模特，他来自荷兰南部一个从事纺织品贸易的家族，同样是门诺派的移民。1615 年，他从莱顿来到

图 7 《穿黑色外套的夫妻》（*Gentleman and Lady in Black*），布面油画，创作于 1633 年

了阿姆斯特丹；1632 年 1 月，伦勃朗为他绘制了一幅肖像画。在莱顿时，伦勃朗很可能已经认识了马尔丹一家人，但这个任务很可能也是通过乌伦博格介绍给画家的。为了确保模特的身份能够被识别，伦勃朗在他的手上加了一张纸，上面用手写体清晰地展示了模特的姓名。

在伦勃朗的职业生涯中，他所绘制的大多数夫妻肖像画都会把夫妻二人放在独立的框架中，画幅也比较适中。这取决于创作的成本和荷兰房间的规模。在这些作品中，主要人物总是会被放在观众的左侧（也就是画作当中的右侧）。这意味着丈夫总是会出现在那个位置，经常会向他们的妻子做些手势。伦勃朗很少有机会绘制大规模的双人肖像画（图 8），但他如果绘制这样的作品，通常会突显丈夫的位置，把他放在画作的中心位置。1633 年，他绘制了一幅双人肖像帆布画《穿黑色外套的夫妻（*Gentleman and Lady in Black*）》，尺寸很大但比真人还是要小得多。画中是一个穿着考究的绅士和一位黑衣女郎（图 7，该幅作品已被盗）。这幅肖像画展示了模特的全身，主人公身着优雅的衣物，置身于密闭空间里，是当时阿姆斯特丹正流行的风格。从托马斯·德·凯瑟开始，这种风格就深受欢迎。在这幅作品中，伦勃朗延续了他在莱顿创作的作品中一贯使用的精细画风，这也是他在莱顿的学生杰拉德·德奥（Gerard Dou）的风格。画作中，丈夫站在正中间，双臂前伸，而妻子则坐在他前面，似乎有些分神。妻子占据了画作的右前角，与其对应的则是一把椅子。男子身后，一张大地图装饰了整个墙面，这张地图获得了阿姆斯特丹各类制图奖中的一项，也暗示了丈夫在外的影响力。X 射线表明一个男孩曾经出现在这对夫妻之间，他无疑是他母

图 8 《马尔丹 · 苏勒曼和奥普金 · 高比》（*Marten Soolmans and Oopjen Coppit*），布面油画，创作于 1634 年

亲凝视的对象了，他没有出现在画作中也是因为没有实际意义。这对模特的身份还无法判定，但他们非常符合布料商扬·皮埃特斯·布鲁林夫（Jan Pietersz Bruyningh）和他的妻子席勒歌·皮埃特卓·毛特梅克（Hillegont Pieterdr Moutmaker）的身份。他们奢华的着装也表明他们绝不是门诺这个严肃派的信徒。

在最开始绘制不同性别的单人肖像画时，伦勃朗也采用了同样的加德纳姿势（每个人都会配上一位不同姿势的模特）。1633 年，他绘制了另外一幅作品，四分之三身长，现在已经被分开了。画中不明身份的男子正从椅子中站起来，双臂前伸向妻子比画着什么；而他的妻子则拿着扇子，坐在那里。两个模特都正对着观众，身着深色服装（带着永恒不变的蕾丝领和飞边），与深色的背景相称。白色的领子和飞边让这两个“加德纳人物”成为关注点，但这张双人肖像画也表明了这对夫妻之间的社交距离。两性之间还是要遵守“男女授受不亲”的规矩，女性也要时刻保持娴静。在伦勃朗的职业生涯中，他用相同的表达手法传达了诸多人物（特别是这《圣经》人物）的体贴和内省。

大概是在 1633 年，伦勃朗创作了另一幅画风相似的双人肖像画，向我们介绍了另一对衣着华丽的夫妇。夫妻二人都坐着，女主人把鞋子放在了一个暖脚器上，这在寒冷的荷兰家庭中是个非常常见的物件。丈夫身后站着儿子，妻子身后站着女儿，两个人都拿着硬币（儿子拿到了大头），显示了家族财富的传承。模特的身份是确定的：扬·皮里考恩（JanPellicorne）和儿子贾斯伯（Casper），以及妻子苏珊娜·范·科伦（Susanna van Collen ）和女儿伊娃·苏珊娜（Eva Susanna）。皮里考恩出生在莱顿，但他居住在阿姆斯特丹，他妻子的娘家有着庞大的商业网。

1634 年，伦勃朗绘制了一幅站姿肖像画（图 8），画中的主人公身着华丽的宫廷式服饰，这也是他现存的唯一一张全身长的作品。这幅作品通常由国王和贵族所收藏。画中画的是一对在 1633 年结婚的有钱人，马尔丹·苏勒曼（Marten Soolmans）和奥普金·高比（Oopjen Coppit）。妻子出生在一个历史悠久的阿姆斯特丹家族，苏勒曼则来自一个殷实的安特卫普家族。跟之前的作品一样，男主人公出现在观众的左侧，戴着宽边的黑色帽子，身上配着精美的蕾丝领和腰带，脚上穿着装饰华丽的鞋子，手上还戴着一副上光山羊皮手套。在朴素的荷兰，这身装扮透着一身贵气。女主人则穿着一条黑色缎面连衣裙，领口和袖口配有蕾丝，脖子上戴着一条珍珠项链，右手上则拿着一把扇子，一条金链子把扇子和她的腰带连在了一起。男主人公将戴着手套的左手伸向新娘［一种婚礼习俗，弗兰斯·哈尔斯（Frans Hals）也惯用此方法］，但脸却看向前方；与此同时，高比将整个身体转向他，但眼睛却看着观众。两人身后都有一块背景布。为这对穿着考究的夫妇绘制画像能拿到多少佣金就不必说了，更何况是这样一幅全身长的大制作。这也帮助伦勃朗在到达阿姆斯特丹不久后就迅速崛起，成为这座港口城市首屈一指的肖像画画家。

阿姆斯特丹群体肖像画

就在创作了《尼古拉斯·鲁斯》之后，年轻的伦勃朗开始在阿姆斯特丹绘制集体肖像画，早期的这些集体肖像画是最具有名气的。一位名叫尼古拉斯·皮埃特斯（Nicholas Pietersz）的医生找到了伦勃朗。这位医生的姓氏来源于荷兰语中的郁金香，郁金香也是他最喜欢的花（还是荷兰“郁金香泡沫”的主体，当时大宗商品投机盛行，直到1637年灯泡投资泡沫爆发）。蒂尔普博士是一名外科医生，也是外科医生行会的首席讲师，同时还是一名虔诚的加尔文主义者。他是阿姆斯特丹市政委员会的一员，之后曾5次担任市长。1632年1月，阿姆斯特丹大学成立，成立大学的一部分原因就是为了对抗莱顿的正统宗教，还有就是为了和莱顿著名的解剖学院（蒂尔普接受培训的地方）相抗衡。所以，蒂尔普很快就展示了一场面向公众的尸体解剖，被解剖的是一个刚被执行死刑的罪犯，本次公开解剖得到了市政官员的批准。解剖是在旧安东尼门楼的楼上进行的，在布里斯特拉特区附近，也就是乌伦博格、最后也是伦勃朗本人将要居住的地方。

成立于1562年的阿姆斯特丹外科医生行会注定要让伦勃朗为这次解剖进行绘制（图9），作品完成于1632年。

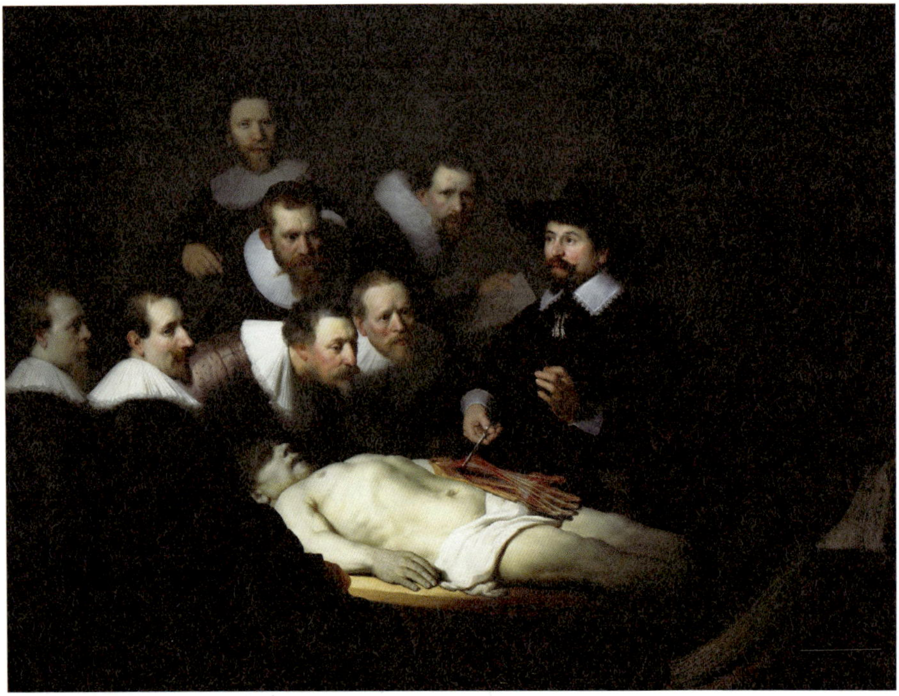

图9 《尼古拉斯·蒂尔普博士的解剖课》（*Anatomy Lesson of Dr Nicholas Tulp*），布面油画，创作于1632年

这幅作品以现有的对解剖学讲师的群体肖像画绘制传统为基础，就像托马斯·德·凯瑟为塞巴斯蒂安·艾伯茨博士（Sebastian Egbertsz）绘制那幅作品（1619）一样，一群医生围绕着一具人体标本进行研究。蒂尔普博士周围的每个参与者都能叫得出名字，甚至是被处决的罪犯，他是个惯偷，绰号是“孩子”。

但是伦勃朗的画绝不仅仅是一个个人头的僵硬排列。就像他在绘制双人肖像画时通过捕捉模特的动作从而使画作更加栩栩如生那样，伦勃朗的不对称构图让我们看到当七个观众都面向他时，蒂尔普本人在讲解中的停顿。几个人的头像金字塔一样叠在一起，都抻着脖子，以便能更清楚地看到蒂尔普正在解剖的手。整张画中我们只能看见蒂尔普的手。他所掌握的知识和他的权威性有一部分来源于右下角那本打开的书，很有可能是面市于1543年的安德列·维萨里（Andreas Vesalius）的《人体构造》，但当他讲课时，这本书是藏在他身后的。事实上，维萨里在论文中用了相同的手指肌肉示范来刻画他的木刻自画像。

在这幅画中，我们能清楚地看到伦勃朗早期肖像画中最受欢迎的姿势。在这个金字塔形人堆的顶端是一个孤独的面部朝前的男人，1633年伦勃朗的作品《拿着扇子的年轻女子》（*Young Woman with a Fan*）就跟这个人的姿势一样。而蒂尔普本人的身子则是稍稍偏转（不过是反方向偏转），摆着说话时的手势，手举在心脏前方，戴着和马尔丹·鲁顿一样的独一无二的帽子。《解剖课》这幅作品通过讲解者和听众之间的肢体语言，让我们看到所有人都在聚精会神地听这次讲解，好像话说到一半就会有人迫不及待地打断，节奏很紧凑，而不是有一句没一句的交流。伦勃朗给学生群体找到了一个平衡，但通过位置和可见度巧妙地突出了其中几个人（画面边缘的人都是侧脸）。他还对整幅画的灯光进行了调整，最亮的光是打在苍白的尸体和他身上那条裹布上的，稍弱一点的灯光则打在蒂尔普本人和最靠近尸体的学生们的身上。与此同时，蒂尔普医生用自己缩短的左手展示了他拿着镊子的右手的肌腱和肌肉的运动。（讽刺的是，艺术家所描绘的尸体比例很怪异，两只手臂很长，还有两只右手！在修复过程中进行的技术检查表明，最初这个囚犯只有一只残缺的右手，这也说明了为什么他的两只手臂长短不一，还有如今呈现在世人面前这幅画作上奇怪的颜色和后添加上去的那只手上修剪精细的手指。）

环绕式的背景设计得很巧妙，所有人的注意力都集中在中间，还有尸体上方正在做解剖的手。实际上，虽然这是一幅群体肖像画，但伦勃朗给它安排了一个场景，非常像一个戏剧的画面，灵感很可能来源于鲁本斯的一幅知名版画作品《献金》(*The Tribute Money*，大约创作于 1612 年)。鲁本斯的作品展示了耶稣在面对法利赛人的盘问时大胆做出陈述的形象，到了伦勃朗的画中，则变成了一群好奇的学生。集体肖像画再现了 17 世纪荷兰人的各种职业群体和民间社区。荷兰人有的加入了工艺行会，有的在慈善董事会任职，还有的加入民兵组织，积极投入训练。自 16 世纪初以来，他们的领导者或者整个团体经常会委托画家来为他们绘制大幅的集体肖像画，无论是在特定的会议或宴会聚会上，还是在特定事件中，就像蒂尔普博士的解剖课那样。在伦勃朗的精心安排下，这幅医学题材的作品中的每个人都栩栩如生，而不只是单纯描摹。通常情况下，这些作品会被分别悬挂在行会会馆、慈善机构会议室或民兵组织的大厅(还有莱顿的会展中心，向公众开放)。

阿姆斯特丹的民兵组织对他们的大厅进行了扩建，并于 1627 年完工。伦勃朗和他的前学生之一格瓦特·弗林克(Govaert Flinck)都是众多荷兰画家中，受委托在 17 世纪 30 年代和 17 世纪 40 年代之间为民兵组织进行绘制工作的画家。1639 年到 1645 年，几位画家为同一个警卫室绘制了 6 幅集体肖像画，伦勃朗的大作就是其中之一。他所绘制的这幅栩栩如生的大作体现的是 14 世纪初民兵组织在庆祝时的场景，与当时的阿姆斯特丹相比，相隔了一个多世纪。当时，民兵组织由社会上的一些知名人士领导，他们会为自己购买武器。

弗兰斯·哈尔斯（Frans Hals）是和伦勃朗同一时期的画家，比伦勃朗年长些。1616 年到 1629 年间，他在家乡哈勒姆为民兵组织绘制了 5 幅独立的肖像画，包括三幅圣乔治弩手，还有两幅圣哈德良人的火枪手。这些作品如今都收藏在弗兰斯·哈尔斯博物馆（Frans Hals Museum），这里本身就是老年人救济院，在那里，哈尔斯也为不同性别的协政者绘制了集体肖像。1633 年，哈尔斯开始为一家阿姆斯特丹的民兵组织作画，该组织后来被戏称为"不毛公司"（1637；阿姆斯特丹，国立博物馆）。哈尔斯习惯用这些大画布来绘制这些人忙着开会时的场景，典型代表作就是哈尔斯为民兵组织年会聚会上绘制的那些肖像画——1627 年绘制的《火绳枪手行会官员宴会》（图 10）。到了哈尔斯和伦勃朗的年代，荷兰起义期间的冲突已经陷入了僵局，这意味着像哈勒姆和阿姆斯特丹这样的大城市已经无仗可打，所以这些民兵组织都只是在储备警卫，除了远足，几乎不会去打仗。因此他们更加注重社交，特别是那些起领导作用的贵族官员，画作中也对他们进行了特殊强调。

哈尔斯绘制的人物画色彩鲜丽，和黑色的荷兰服饰形成了鲜明对比。斜戴在身上的肩带区别了这群官员的身份，不论是什么姿势，都能看出人物的随意和冷漠。有些人看着观众，有些人则隔着空气彼此交流。最重要的人物都坐在桌子旁；公司老板被放置在画作中心附近，主要是因为他穿着黄色的外套。哈勒姆两家啤酒厂的老板米歇尔·德·瓦尔（Michiel de Wael）上尉坐在了面对观众的位置，他把酒杯倒了过来，表明里面是空的。他的副手（也是姐夫）艾穆特·德鲁威斯坦（Aernout Druyvesteyn）上校坐在

图 10　弗兰斯·哈尔斯《火绳枪手行会官员宴会》（*Banquet of Officers of the Arquebusiers' Guild*），布面油画，创作于 1627 年

了最左边。画面中多数相互交错的人物都是围绕在画面中心他们的队长身边的。

伦勃朗接受了来自阿姆斯特丹市民自卫队弗兰斯无论什么·班宁·科克（Frans Banning Coq）上校和威廉姆·范·鲁伊腾堡（Willem van Ruytenburgh）的委托，并在1642年完成了绘制（图11）。他在绘制这幅作品时，尽量避免了让人物像唱诗班那样站在那里一动不动（就像托马斯·德·凯瑟1632年绘制的卫兵肖像一样，领导被放在中间，比其他人更大），也没有描绘他们在举办宴会时的场景。在他的呈现中，这些人已经准备好了旗帜和武器，好像正要去操练。这幅知名的布面油画后来被叫作《夜巡》（*The Nightwatch*），一部分原因是随着时间的推移，画布的表面越来越暗淡（现在已经修复了）；还有一部分原因是——后来这些民兵组织（市民自卫队也包括在内）在夜间也开始了巡逻的工作。原画曾挂在市政厅，为了适应市政厅中较小的空间，原画被切割了一部分。在原画中，左侧和前侧其实还有更大的一部分，画面中一共有34个人物。

伦勃朗的《夜巡》构思巧妙，虽然人物很多，但领导者的地位还是得到了突显。班宁·科克（Banning Cocq）站在了众人的前面和中间，戴着一条鲜红色的肩带，好像要从画面里走出来一样。在明亮的灯光照射下，他伸出去的手正做着指挥的手势，甚至还在他的副手身上投下了阴影。班宁·科克入赘到了阿姆斯特丹的一个贵族家庭，跟着他的岳父在几个城市间忙来忙去，后来还成为市议员和市长。中尉在他旁边恭敬地站着，正在接受外出的命令。他穿着鲜艳的黄色制服，上面的刺绣看上去非常立体，手里还拿着典礼上用的装饰性武器——戟。

在这两个主要人物身后，等级制度仍然存在，警长们站立在众人的两侧。在整幅画中，民兵是聚集在一起的，许多人要么背着火枪要么正在装载火枪——火枪是识别这个群体的标志。其他人则拿着长矛，还有一个少尉，肩扛着市民自己队的大旗，仿佛要去战斗。这次聚集表明他们正在为了某一真实事件而进行调度，一些学者试图通过这幅画来找到这个历史事件。可能是1638年被流放到法国的玛丽·德·美第奇王后（Marie de' Medici of France）抵达阿姆斯特丹的事，因为街道上的凯旋门和画作后方的凯旋门很相似。火枪操练包括装载、射击和清理枪膛，指导实际上来源于荷兰军队手册中的几个教学插图，插图是由贾可·德·盖恩二世（Jacques de Gheyn II）在1607年刻画完成的。此外，画面左下方还有一个戴着滑稽大头盔的男孩，他给部队带来了弹药，而拿着鼓和旗帜的人则在野外集结成一支军团。古董盔甲和头盔让我们回

图 11 《夜巡》（*The Nightwatch*）布面油画，创作于 1642 年

到了 16 世纪早期荷兰起义时，那个更为辉煌的民间军事防御时代。

伦勃朗还在班宁·科克背后绘制了一个小女孩，看上去和整个画面有些不协调。她所在的地方光线很亮，她穿着一件金色的连衣裙，和副手的制服倒是相得益彰，向着与部队行进相反的方向前行。她的头上戴着一条金色的发带，腰上拴着一只母鸡，突出的爪子（就像《哈利·波特》里格里芬的爪子）是市民自己队的象征，她还戴着一个在宴会上用来喝酒的角杯。她身上的这些市民自己队标志让她看起来像是这个组织的一个吉祥物，这也削弱了该作品描述的是一次真实事件的说法。

有些学者认为这幅作品很明确地表达了该团队是在庆祝某件事情，但近期还有些学者（莎玛，1999；卡罗尔，2002；伯杰，2007）发现了他们在紧急集合时的混乱，这和早期荷兰起义时的英雄主义以及排列有序的队列形成了鲜明对比。显然，伦勃朗对这幅群体肖像画中的另外 16 个人也表达了敬意，他把他们绘制成了一个行动的整体。像其他民兵组织的群体肖像画一样，伦勃朗可能也呈现了每个人的性格，只是要么是在庆贺要么是在自卫，因此和海牙总督以及他的军队的军国主义目标并不相符。

阿姆斯特丹贵族和其他人

从班宁·科克的市民自己队我们能看出来，伦勃朗正在逐步深入到阿姆斯特丹的统治阶层。他用宫廷肖像的全身长画法为马尔丹·苏勒曼和奥金·高比绘制了肖像画，这对夫妻也是早期收藏伦勃朗画作的人。另一幅全身长的男性肖像画（图 12，1639 年）显示了赞助人自命不凡的贵族气质。他若无其事地站在那里，一只手套随意地丢在脚下，他的右臂支在大门的门柱上，门前连着台阶，这是繁华的阿姆斯特丹另一个明显的消费性标志。虽然他仍然穿着荷兰黑的衣服，但衣物的面料却非常考究。有资料显示，伦勃朗为这座城市政治上最具影响力的家族的一名成员安德里斯·德·格拉夫（Andries de Graeff）绘制了一幅庞大而昂贵的肖像画。1639 年，安德里斯只有 28 岁，但 20 年后，他就接替了兄长科内利斯·德·格拉夫（Cornelis de Graeff）成为市长。最初，安德里斯并不接受伦勃朗的画作，但在艺术家提起诉讼后，他还是支付了高达 500 英镑的费用。与伦勃朗的冲突或许能够解释为什么地上会有只手套，因为在传统上，这是要向对方发起决斗的标志。伦勃朗一直在绘制肖像画，但在《夜巡》之后，他还是没能挤入阿姆斯特丹封闭的贵族圈，只有一个例外，那就是扬·西克斯（Jan Six，1618—1700）。

图 12 《站在门口的男人（安德里斯 · 德 · 格拉夫）》[*Man Standing in Doorway* (*Andries de Graeff?*)]，布面油画，创作于 1639 年

扬·西克斯来自一个法国新移民胡格诺派家庭，他们在 16 世纪末来到阿姆斯特丹，作为布商和丝绸染色者逐步发展起来。西克斯因自己写作拉丁诗歌以及对艺术的热爱而备感自豪。他出版了几部戏剧，其中包括一部描写悲惨的美狄亚神话的诗剧。1648 年，伦勃朗为这部诗剧创作了一幅蚀刻的正面插图，也就是《杰森和克鲁萨的婚礼》(*The Marriage of Jason and Creusa*)。西克斯迎娶了蒂尔普博士的女儿，所以他在这个城市的地位是无人能撼动的。1691 年，他当选为市长。他还多次借款给伦勃朗。

伦勃朗为西克斯绘制的第一幅肖像也是全身长的，充满贵族气息。这并不是一幅画作，而是一幅蚀刻作品，是在 1647 年完成的 (图 13)。作品里记录一位休闲中的绅士，在阿姆斯特丹运河旁宽敞的房间内放松身心，房子可供参观。伦勃朗为他的主要赞助人绘制了三张草稿 (如今还在西克斯的房子里)。作品中，穿着时髦的模特随意地倚靠在明亮的窗台上，姿态放松，沉浸在阅读中，领子敞开着，能看出他和画家关系亲密。为了显示他对艺术和求知的热爱，他附近的墙上挂着一个镶了边框的艺术品，有些模糊不清，旁边是一堆书卷。画面中还有一把废弃的贵族宝剑，可能是西克斯在民兵组织担任长官时用的。在阴暗的房间内部，漆黑的阴影彰显了伦勃朗对蚀刻介质的完美驾驭。

图 13 《扬 · 西克斯》（*Jan Six*），蚀刻画，创作于 1647 年

1654年，伦勃朗还为扬·西克斯绘制了一幅半身肖像画（仍然在西克斯的房子里），面部细节体现得很微妙，还用大胆的笔触（像弗兰斯·哈尔斯一样）绘制了红色的斗篷、蕾丝袖口和他在离开私人住所时正要戴上的手套。艺术家还为西克斯的《朋友》专辑绘制了两幅钢笔画，选取了经典主题，特别是《荷马朗诵诗》（图51，1652）。

但在16世纪40年代，伦勃朗也为非贵族创作了大量的肖像画，其中包括一幅蚀刻的自画像（1648，图55）。在这些作品中，他只为一位同行艺术家制作了一幅蚀刻作品（完成于1647—1648年，图14），这位艺术家就是扬·阿瑟林（Jan Asselijn，1615—1652）。他是一位风景画专家，刚从意大利和法国旅行回来。他被誉为荷兰绘画中“意大利风景”画派的创新者之一。伦勃朗风景画和版画最高产的时期是从他绘制阿姆斯特丹的一小部分所见开始的（图5）。作品记录的都是他在城市附近散步时所看到的景色，画作中通常会有一大片天空出现。而阿瑟林绘制的则是在落日余晖下和想象中的地中海港口上，充满异国风情的古老废墟或罗马的山坡。

安东尼·范·戴克（Anthony vanDyck）特意印制了一大批肖像画，有一百多张，其中有很多他在安特卫普的同行艺术家和赞助人。这些画作1645年首次在安特卫普发行，很可能对伦勃朗绘制阿瑟林时的个人画风产生了影响，也有可能激起了阿瑟林或者他的弟弟托马斯（一个纺织商，后来与伦勃朗进行过交易）发行印刷画的雄心。

在一个画架前（上面正在绘制着一处废墟），画家穿着优雅的正装，戴着宽边的礼帽。调色板、画笔还有身旁桌

图 14 《扬·阿瑟林》（*Jan Asselijn*），蚀刻画，创作于 1647 年—1648 年

面上的书都表明他是一位见识广博的艺术家。他的手臂以文艺复兴时期流行的姿势那样弯曲着，整个造型都透露出一股自信。伦勃朗对画家的左手进行了模糊处理，阿瑟林在罗马被荷兰艺术界戏称为“小螃蟹”。在第二版印刷品中，伦勃朗把背景中的画架拿掉了，只留下了调色板和书，但也更加凸显了阿瑟林的绅士风格。

伦勃朗另一个不同寻常的肖像画是在1647年完成的（图15），他绘制的是犹太医生和诗人埃弗拉姆·布埃诺（Ephraim Bueno，1599—1665）。他出生在葡萄牙，和伦勃朗住在同一个街区。他的父亲也是一名医生，1625年被调到了莫里茨长老的病床前。伦勃朗的这幅版画是以之前一幅非正式的半身长的油画构图为基础的（藏于阿姆斯特丹国家博物馆）。范·黛珂（Van Dyck）和弗兰斯·哈尔斯也习惯用油画构图作为肖像版画的基础，在印制过程中，通常会有些调整。在伦勃朗的画中，布埃诺手扶着楼梯扶手，正准备离开，就像后来为西克斯绘制的作品中那样。画中他也穿着荷兰当时流行的黑色礼服，戴着帽子。扬·利文斯后来还为布埃诺创作了一幅坐姿的版画（日期不明，应该是在1644年利文斯回到阿姆斯特丹后）。画中有一段文辞更加考究的拉丁文题词，利文斯把布埃诺比作了早前的神医阿文祖尔，他是12世纪安达卢西亚一位著名的医生，

图 15 《埃弗拉姆 · 布埃诺》（*Ephraim Bueno*），蚀刻版画，创作于 1647 年

和布埃诺的祖先来自同一个地方。

伦勃朗从未放弃过绘制肖像画，1656 年他破产后生活一度变得十分拮据，绘制肖像画也成为他更为重要的收入来源。在这最后阶段，伦勃朗接到了一项艰巨又非

比寻常的任务，他要为著名的银行家弗雷德里克·里赫尔（Frederik Rihel，1621—1681）绘制一幅全身长的、真人大小的肖像画（大约绘制于1663年），画中还要把银行家骑的马也带上。在这幅画作中，骑手让马的两只前蹄都抬了起来，在王公贵族中，这种马术训练非常流行，因此也非常适合用来描绘野战中的皇家指挥官。这张画作是为了纪念模特在1660年参加的一场著名的活动，一位统治者来到了阿姆斯特丹，也就是玛丽·斯图尔特（Mary Stuart）。她是英格兰查理二世（Charles II）的姐姐，继任者威廉二世（William II）的遗孀，也是威廉三世（William III）的母亲。威廉三世在1688年后继承了英格兰的王位，和表妹玛丽共同摄政。

在伦勃朗的最后十年中，最重要的模特就是大富豪雅各布·特里普（Jacob Trip，1575—1661）。一幅画是在特里普临终前绘制的（大概是在1661年，图16），他斜倚在扶手椅上，像个国王一样；还有一幅绘制的是他和他的妻子玛格丽特·德·格尔（Marguerite de Geer）。当时，特里普家刚刚在阿姆斯特丹修建了一所豪宅（房子是最高的，面积也是最大的，采用的是最为流行的经典风格［由建筑大师贾斯特斯·万布恩斯（Justus Vingboons）］设计，修建于1660年到1662年），配有山形墙、壁柱和花环。豪宅位于

图 16 《雅各布 · 特里普》(*Jacob Trip*),布面油画,约创作于 1661 年

阿姆斯特丹最负盛名的运河遗址火绳枪手防卫堤，离民兵组织不远（如今这里是荷兰艺术与科学学院的所在地）。特里普一家是从承运商起家的，他们建立了一个铁矿开采和武器交易的工业基地。在瑞典，这两项业务也被他们垄断，特里普家里还装饰着描绘了瑞典瀑布和山川的画作。但在阿姆斯特丹，他们还是初来乍到，并没有跻身摄政圈。

伦勃朗的学生，来自多德雷赫特的尼古拉斯·梅斯（Nicolaes Maes）在他之前曾为特里普家族绘制肖像画。在雅各布的这幅肖像画中，伦勃朗整体运用了淡色系，就像他后期的其他作品那样，这也是他绘制西克斯的画作时所尝试的一种手法的延续。在绘制这位富有的模特时所运用的这种大胆的绘画技巧，可以和三十年前《尼古拉斯·鲁斯》的细致手法相媲美。在这幅画中，雅各布·特里普保持着指挥的姿态，他像拿着权杖一样拄着手里的手杖，更加凸显了他在家族中的权力地位。画家是从一个比椅子扶手稍低一点的视角来对模特进行描绘的，这也下意识地把模特抬到了一个相对较高的位置。他表情凌厉，看向观众，身体也向着观众倾斜，似乎为了表现出他的屈尊俯就。画中的这种层次来源于集体肖像作品，就像哈尔斯的民兵。他穿的那件衣服是通常在学习的时候穿的一种长袍，学者或神职人员也经常穿这种衣服。

相比之下，玛格丽特·德·格尔，这个强大的婚姻联盟里的另一半则坐在前面，她穿着一件连衣裙，上面装饰有老式的厚蕾丝领和袖口。她凝视着观众，完全看不出妻子对丈夫的那种尊重，也没有把身子倾斜向观众，以展示她的谦虚。从她独立的眼神中我们或许可以猜测，在她个人的肖像画（造型更精致）完成时，她的丈夫已经过世了。不管怎样，她都被描绘成了一个统治家族的女族长。

在为特里普夫妇绘制肖像画的这段时间里，伦勃朗完成了他职业生涯晚期最后一幅集体肖像画：《阿姆斯特丹布商行会的理事们》（*Syndics of the Drapers' Guild*，1662；图 17）。这个会集了诸多精英的商会理事是由市长直接任命的，负责对当地加工和印染的布料产品提供质量监控。他们的这幅集体肖像画比真人略大，悬挂在行会的壁炉上方。跨过运河，布商行会对面就是民兵行会（也就是会展中心）。伦勃朗再一次给静止的画面赋予了生命，而不只是对众人的简单排列。根据每个人所要强调的重点和身份，伦勃朗通过光线的明暗让这幅画作充满了层次感。大致与哈尔斯的民兵宴会的方式相同，但和《夜巡》却截然不同。和其他集体肖像画一样，每个人都能叫出名字。在画中，每位模特都穿着荷兰最流行的黑色外套，戴着帽子，似乎觉得观众喜欢从两侧仰视画作。和《雅各布·特里普》（*Jacob*

Trip）这幅作品一样，伦勃朗选取了一个较低的视角，挂在壁炉架上方，位置会更高一些。人们会先把视线集中在桌角，因为那里的桌布光线最亮。沿着这一点往上看，桌子另一侧坐着行会的董事长，面前摆着一个账本，伸着右手，就像弗兰斯·班宁·科克那样在指挥着什么。其他人都在他周围并且都面向着他，包括那个弯腰站在他右侧的人。在他身后，那个没戴帽子的行会管家静静地站着。伦勃朗在准备这幅画作时特别精心，在如今保留下来的三个

图 17 《阿姆斯特丹布商行会的理事们（*Syndics of the Drapers' Guild*），布面油画，创作于 1662 年

人物中，我们通过 X 射线，能看到许多微妙的位置变化。也许，再没有其他的阿姆斯特丹集体肖像画能够如此生动地传达出荷兰商业活动中这些庄严的“裁判”属于资产阶级的正直和严肃。

1648 年，《威斯特伐利亚和平条约》在明斯特（Münster）签署，这份协议确定了尼德兰联邦及其七个省份将从此变成一个独立的国家。为了庆祝即将终结的由荷兰起义引发的战争，阿姆斯特丹在水坝广场上为人们修建了一所造价不菲的宫殿。这个巨大而宏伟的建筑 1655 年设计，现在是一座皇家宫殿是由雅各布·范·坎彭（图 4）设计的，采用经典的建筑风格，大门中间是三角墙，两侧有一些壁柱，宫殿中央还有一个圆顶。这座位于市政厅内部的建筑向所有人开放，地面上铺着一张世界地图，上面绘制了两个半球（地图是根据在阿姆斯特丹出版的地图集绘制的），显示了这座城市在全球的贸易范围。这座宫殿有 25 米高，面积有 34 平方米。山墙上，由阿图斯·奎里内斯（Artus Quellinus）雕刻的浮雕仿佛在向这座城市致敬。大门两侧的山墙正对着水坝广场，上面刻画着海神向阿姆斯特丹一位女性致敬的场景。宫殿后方有一个巨大的青铜雕像，雕塑的是肩负着世界的阿特拉斯；在它下面，另一个由奎里内斯雕刻的浮雕将四大洲描绘成了三个魔法师，将他们的东西敬献给这座城市。

为了装饰市政厅，阿姆斯特丹选取了神话、《圣经》以及古罗马历史作为主题，特别是那段塔西佗记载的关于英雄的荷兰祖先——巴达维亚人反抗帝国的历史。所有设计都是为了给官员们提供灵感，他们的办公室正好位于广场四周。1655 年，市政官员就委托了部分艺术家来为装饰市政厅进行创作，为了邀请伦勃朗 17 世纪 30 年代的两位杰出的学生格瓦特 · 弗林克和费迪南德 · 波尔（Ferdinand Bol），他本人被忽略了。弗林克受到了特别的委托，他要来绘制建筑上层画廊周边装饰走廊的四个高拱门。他和强大的德格雷夫统治派系关系甚好，包括安德里斯和他的市长兄弟科内利斯。1660 年，弗林克突然去世，这也为其他艺术家带来了新的机遇。扬 · 利文斯以及来自安特卫普的雅各布 · 乔登斯（Jacob Jordaens）还有其他艺术家收到诏令以填补空白，到最后，伦勃朗才有机会参与其中。

对于建筑内部的绘制，一开始的计划是由弗林克和波尔来绘制大篇幅的油画，挂在壁炉架上。弗林克为议会的会议室绘制了一幅油画，上面画的是《所罗门祈祷智慧》（*Solomon's Prayer for Wisdom*，1658），旨在鼓励城市里的人们为他们的决定寻求神圣的劝告。在市长的房间里，弗林克以普鲁塔克（Plutarch）为原型，绘制了一幅罗马领事的油画——《不朽的马库斯 · 库尔提乌斯 · 登塔图斯》（*The Incorruptible Marcus Curtius Dentatus*，1656）。画里展示的情景说明，尽管他的对手萨莫奈人用尽了阿谀奉承，他始终保持刚正不阿，而且相较于黄金，他更喜欢萝卜。就在同一个房间里，波尔绘制了另外一幅画，《皮洛士和法布里蒂乌斯》（*Pyrrhus and Fabritius*，1656）。画中描绘了另一个关于普鲁塔克的故事，尽管他的敌人、国王皮洛士百般努力，但就连大象也没办法吓到法布里蒂乌斯。

17 世纪的荷兰人对古时的希伯来人也很认同，因为这是他们在争取将自己从一个残暴的统治者——埃及法老的束缚中解放出来。因此，当波尔在为市议员的房间绘制油画时，他选择了摩西律法石板作为主题（图 18，1659）。沐浴在光明中，这位组长带着《十诫》从西奈山上走下来，他站在画面的下方，徘徊在众人的稍远处。人们穿着色彩鲜艳、充满异国情调的服装，大胆地摆着各种姿势。这个构图思路可能来自鲁本斯《圣母升天》。

当扬 · 利文斯被邀请参加完成画廊的拱门时，他的主题还不是很明确。他想要选取关于古代巴达维亚起义中的一个故事作为主题，也就是公元 69 年由克劳狄乌斯 · 西维利斯（Claudius Civilis）领导的对抗罗马人的起义。正如塔西佗（Tacitus）在《历史》的第四篇（第四部）中记载的那样：

图 18　费迪南德 · 波尔《拿着法典的摩西》（*Moses with the Tablets of the Law*），布面油画，创作于 1659 年

站在盾牌上的布里诺（*Brinio Raised on a Shield*，1661 年，草图）表明了盟军领袖的诞生。

伦勃朗也选取了克劳狄乌斯·西维利斯的故事作为主题。他的大幅画作《克劳狄乌斯·西维利斯的誓言》（*Oath of Claudius Civilis*，1661—1662 年，图 19）呈现了克劳狄乌斯在晚上发誓的场景，这也是反抗的开始。但它最后只留下狭长的一部分，最初的构图只留下了一张草图，众人理应聚集在房间内，而不是树林里，但最终草图的很大一部分都被剪掉了。在弗林克幸存的草图（1659 年）中，我们能从侧面看到一张桌子，还有一个耐寒的英雄，赤裸着上半身，正在接受一位可能是从罗马叛逃来的人的恳求，两个人还握着手。而伦勃朗的构图则类似于《阿姆斯特丹布商行会的理事们》，并最终为这次活动添加上了宴会的特色。在画中，戴着冠冕的西维利斯隐约可见，坐在中间偏左的位置，两侧是彼此面对面的阴谋者和野蛮人，都是通过仰视的视角来呈现的。画中还有一盏看不见的灯，照亮了整个桌面，灯光从下方映射在人脸上，看上去有些毛骨悚然。这种灯光效果的呈现可以追溯到艺术家最早的实验中。在这幅画中，伦勃朗也强调了其他类型的人物：有胡子和没胡子的，年轻的和年老的，优雅的和普通的。大家剑抵着剑，而不是手握着手。有些人只出现在了画面的后方和下面，桌子一边的一个人物甚至只能斜着眼睛看。伦勃朗后期所运用的绘画技巧强调了对这些人物的粗糙处理。在绘制克劳狄乌斯时，伦勃朗还落掉了他的左眼，这也凸显了伦勃朗的无礼。伦勃朗给这位没有吸引力的英雄所绘制的王冠甚至还可能冒犯了阿姆斯特丹摄政圈的共和主义情结，他们总是对皇室暴政感到紧张。伦勃朗所绘制的作品与最近被利文斯、乔登斯、弗林克和波尔都接受的经典的罗马风格也截然不同。不管什么原因，他们拒绝了这幅画作，并在1662年，把任务重新分配给了一位名不见经传的被遗忘的画家，伦勃朗的另一位学生——朱利安·欧文斯（Jürgen Ovens），他按照弗林克的设计继续创作。

伦勃朗为阿姆斯特丹市政厅所绘制的油画虽不被接受，但也表明，即使是在他的职业生涯即将结束时，这位画家还是充满了雄心壮志，与这个自信的城市一样。然而，与他以前的学生弗林克和波尔不同，他没能在摄政圈和贵族那里取得成功，而这些人才是最终能让他在肖像绘制方面取得成功的重要因素。1631年抵达阿姆斯特丹后，作为一名肖像画家，他最初能够得到欢迎主要依赖于他与经销商亨德里克·尤伦堡的关系，这种关系一直持续到1642年他的妻子萨斯基亚去世，这也与他完成《夜巡》的时间相吻合。（尽管总是有传言出现，但也没有证据表明，包括

图 19 《克劳狄乌斯 · 西维利斯的誓言》（*Oath of Claudius Civilis*），布面油画，创作于 1661—1662 年

1936 年拍摄的由查尔斯·劳顿主演的电影《伦勃朗》，伦勃朗那幅作品的客户对其不满，并导致他失去客户以及陷入随后的财务危机。）然而，即使在伦勃朗职业生涯的后期，阿姆斯特丹的个人和团体还是在找他绘制肖像，在那时，单人肖像画、双人肖像画和集体肖像画的收入为他提供了必不可少的生计来源。

第 2 章
阿姆斯特丹的宗教之扰

荷兰人的起义是在 16 世纪 60 年代后期开始的，与宗教抗议活动一样，都是为了争取独立。实际上，荷兰人把他们的领导者、荷兰国父、奥兰治家族的威廉（“沉默者”威廉，1584 年被一个天主教信徒所杀）殉敬给了摩西，那个带领其子民脱离法老暴政的人。在这里，法老指的就是西班牙国王腓力二世，他把天主教定为低地国家的国教。因此，当荷兰的七个联省在冲突休战期间（1609—1621）实现真正的独立时，新国家——虽然以反天主教教徒为主——却完全背离了国教。尽管在荷兰归正教会（1572 年 8 月召开第一次会议）之下还有一个在该国占主导地位的加尔文派。1578 年 5 月，阿姆斯特丹民兵推翻了常设的亲天主教市议会，并驱逐了当地的天主教神职人员，占领了天主教教堂，在压制天主教教徒的同时清理了庇护所的绘画。尽管有人呼吁要宽容处理各教派教徒，但天主教是不能公开在城市中传播的（有些保护区被秘密保留了下来，特别是运河旁一座房子楼上的小教堂，如今变成了一个博物馆）。其他教派也只是勉强能够生存，包括路德宗教徒、门诺宗教徒甚至还有葡萄牙犹太人，这些人大部分都是从伊比利亚控制地区的镇压中逃脱的。

事实上，加尔文宗本身就受到了双面夹击，一面是正统的教义，一面是由莱顿神学家雅各布斯·阿米尼乌斯（Jacobus Arminius，卒于1609年）提出的阿米尼乌主义（Arminianism）。在16世纪七八十年代间，加尔文宗力争成为荷兰国教，这也得到了摄政圈和贵族的支持，特别是拿骚的莫里斯（"沉默者"威廉的儿子和继承人）。阿米尼乌斯还吸引了一批具有影响力的盟友，由海牙法院的传教士乔汉斯·尤滕博格特（Johannes Uytenbogaert，卒于1644年）、法律及宗教学者——法学家雨果·格劳修斯（Hugo Grotius，卒于1645年）以及大议长（类似于共和国总统、财政部长和外交部长的一个行政官员）约翰·范·奥尔登巴内费尔特，另一位信仰自由的倡导者等人组成。

这些关于宗教改革和教理上的神学冲突很快就变成了政治冲突，不仅威胁到宗教改革会的统一，更威胁到荷兰共和国的统一，也使得宗教领域的内战一触即发。在尤滕博格特的领导以及奥尔登巴内费尔特的支持下，1610年，阿米尼党为当时的荷兰议会制定了一份文件，即《谏言》，提议修改《忏悔录》并让国家政权介入到宗教改革会。此后，他们的派系最终成为一个独立的教会，被称为“抗议派”。不久，正统的归正教会的传教士和总督都打着反抗议派的旗帜，加强中央集权。但由于莫里斯和奥尔登巴内费尔特之间的关系已经到了剑拔弩张的地步，这位大议长被控犯了叛国罪，遭到了抓捕，并在 1619 年 5 月被处死。鹿特丹的大议长格劳修斯也于 1619 年因叛国罪被捕。1621 年，他把自己藏在了一个大书框里，因此得以脱狱成功，但此后，他也开始了流放生活。与此同时，新召开的多德会议在 1619 年完成了审议工作，重申了反抗议派的重要性，谴责抗议派为异教徒，并且决议重新翻译荷兰的《圣经》，即《国家圣经》(1637 年出版)。

荷兰起义期间各教派之间的竞争为阿德里安·范·德·韦恩（Adriaen van de Venne）1614 年绘制的《垂钓灵魂》（*Fishing for Souls*，图 20）提供了主题，画中将荷兰新教徒和佛兰德天主教徒进行了比照。在这幅作品中，每位信徒都操控着一艘船，为群体中的新成员撒下网。远处的天主教徒里有一位主教，身着红色长袍，戴着法冠，周围都是修道士，主要是多米尼克人。除了水中正在游泳的虔诚的教徒们，天主教的船旁边，还出现了一个十字架和一顶白色的法冠，但皈依者的数量还是明显小于福音派捕捞到的数量。新教徒穿着黑色的长袍，上边有白色的领子，就像传统的荷兰肖像画里的人物一样，如伦勃朗 17 世纪 30 年代早期的作品。这些网象征对信仰、希望和慈善在神学上的解释，在捕获中，人们甚至看到了一个穿着棕色长袍的方济各会的修士。带着相同人员的船只出现在远处，较大的宗教社区在岸上各自为伍。画面右侧的远处，有一艘船载的是音乐家（有演奏中提琴的，有演奏铜管乐器的，还有演奏风琴的），在这艘船后面，天主教徒正在举行宗教游行，他们抬着教皇，红色的长袍格外显眼。他们正向一群装备精良的贵族走去，贵族们身后是武装的士兵；在

图 20　阿德里安 · 范 · 德 · 韦恩《垂钓灵魂》（*Fishing for Souls*），木板油画，创作于 1614 年

队伍最前面站着的是荷兰南部的统治者哈布斯堡大公爵艾伯特（Habsburg Archdukes Albert，卒于 1621 年）和伊莎贝拉（Isabella，卒于 1633 年），他们是鲁本斯慷慨的赞助人。在画的右下角，一个矮人和一个斗鸡眼的傻子，与画面上的贵族分隔开来。相比之下，在新教徒的河岸上，更多的人聚集在那里，其中大部分都穿着得体。在这群人中间站着总督莫里斯，他戴着一顶黑色的帽子，衣服上有大红的袖子，还戴着一条金链子。画面的左下角还有更多人，而且人人都是有头有脸的人物。画作上方有一道彩虹，整幅画在彩虹下是相对平衡的，但视角更有利于新教徒一边，画家把新教徒的船巧妙地放在了离中心最近且最接近观众的位置。范·德·韦恩（Van de Venne，1589—1662）在靠近边境德米德尔堡（Middelburg）工作，他的画作传达了当前宗教和政治之间的波动性。

在伦勃朗最早期的一幅画作中（大概创作于 1628 年；图 21），有两位年迈的、身份不明的老人，研究表明这两个人的身份很明显是学者，他们正就一篇文章的解读进行着激烈的探讨。面向观众的那位学者身子朝着和他说话的人，手指指着翻开的书中的那篇文章，这本书可能是《圣经》；背对着观众的学者则用手指标记着几个段落，回答着另一位的问题。我们可以把这两位穿着朴素的老人当成

图 21 《两位争论的学者》（*Two Soholars Disputing*），木板油画，约创作于 1628 年

古代的哲学家，很可能是圣彼得和圣保罗，教会的支柱性人物，现在则分别是两个精神派别的领袖：彼得，第一位教皇，代表天主教徒；保罗，伟大的传教士，创立了新教神学，根据“唯独圣经”里的内容，伦勃朗创作了这幅作品。《福音书》（*Gospels*）中的《加拉太书》（*Galations*）只对这两位精神领袖的会面提了一笔（还是从保罗的观点出发），之后的一节经文（《加拉太书》，2：16）明确表明了新教因信称义的教义，而不是因行称义。仿佛要为这次争论带来神圣的灵感，强烈的光线充满了整个房间，并且落在了摊开的书上以及亲密交流的双手上。与此同时，在阴影中，一个巨大的地球仪表明了新教徒的全球使命，对于身处远东的基督徒（比如在日本的葡萄牙人和荷兰人）来说，一笔巨大的收益在等着他们。

五年后，伦勃朗绘制了一幅更具有实验性的油画（大概创作于1634年，图22）《正在布道的施洗者约翰》（*John the Baptist Preaching*），本来很可能是想创作成蚀刻画的，以便多复制几张。画中对角色的刻画真正达到了全球性。这幅画借用了《路加福音》（Luke，3：1—20）和《马太福音》（3：1—12）中“荒野中的呼声”一段的情景，以供教堂里的官员和更多的人欣赏。和之前那幅作品一样，画面中明亮的光线照射在圣约翰和中间一群听众的身上。

伦勃朗绘制了一百名听众，这一百名听众组成了不同的人群，对福音所传达的信息反应也不同。这些人的年龄、性别和阶级都大相径庭，包括来自亚洲和非洲身着异国服饰的听众，甚至还有一匹骆驼。这些外国人的出现表明，荷兰人不仅通过荷兰东印度公司在这些大陆开展了贸易，还显示出更大的野心。一个高大的、戴着羽毛头饰的美洲原住民出现在施洗者后面，在画面右侧边缘处，还有一个全

图22 《正在布道的施洗者约翰》(*John the Baptist Preaching*)，布面油画，约创作于 1634 年

副武装的、戴着头巾的奥斯曼战士。

然而，圣约翰也攻击了观众中的撒都该人（Sadducees）和法利赛人（Phariseos），说他们是“毒蛇之种”，因此在画作的中下部，在光的最边缘，伦勃朗还绘制了三个犹太人，以他们独特的卡夫坦长袍和头饰为标志。这些长者的长袍上还绣着清晰可见的希伯来字母，这些字母摘录自《旧约全书》[《申命记》(*Deuteronomy*) 6 : 5—8]，表明了他们自己的信仰。因此，他们背对着布道者，带着敌意讨论着他所传递的信息。伦勃朗绘制的早期的犹太人的形象传达了很多信息，但也显得有些消极，就像圣保罗本人一样，在这幅画作中好像在警告众人：“不要对自己说：‘我们有亚伯拉罕，他就像我们的父亲。’”伦勃朗之后会搬到阿姆斯特丹的一个犹太社区，他对《旧约》和他现在的几个邻居也会多些同情，但在《新约》的启示下，他清楚地看到所谓的高级宗教已经是过去时了。

伦勃朗是在荷兰归正教会中结的婚，他的孩子们也是在那儿接受的洗礼，死后他还被埋葬在阿姆斯特丹西教堂的一个坟墓里，但没有资料记载过伦勃朗自己的宗教信仰。但他的宗教信仰似乎并没有他对《圣经》的仔细阅读来得重要，特别是在1637年《国家圣经》（*Statenbijbel*）出现之后。偶尔会有几个宗教领袖出现在伦勃朗的肖像画中，他们之间的联系也使得伦勃朗对自己所坚信的理念越来越动摇，因为很多人都委托伦勃朗来为他们创作版画，以便传播。

与创作《正在布道的施洗者约翰》差不多的时期，伦勃朗为抗议派领袖乔汉斯·尤滕伯格特绘制了两幅肖像画。为了避免遭受与奥尔登巴内费尔特和格劳修斯相同的命运，尤滕伯格特逃到了安特卫普，1625 年才回到荷兰。选择这一年并非偶然。他曾辅导过总督莫里斯年幼的同父异母的兄弟，莫里斯死后，弗雷德里克·亨德里克成为他的继任者，所以尤滕伯格特在这个时间回到荷兰是安全的。但他在海牙仍然是一个积极的宗教分子，又开始追求宽容和自由。1630 年，抗议派在阿姆斯特丹建立了他们的教堂，并于 1624 年在西蒙·伊皮斯科皮乌斯（Simon Episcopius）的带领下修建了一座阿姆斯特丹雅典娜神庙。

在抗议派一位富有的蜡烛商人亚伯拉罕·安托尼斯宗（Abraham Anthoniszoon）的邀请下，尤腾伯格特访问了阿姆斯特丹，伦勃朗为他绘制了一幅坐着的肖像画（1633 年）。肖像画有四分之三个身长，在画面中，这位神学家将右侧身体转向观众，手放在了胸口上，就像是个下意识的行为。这个行为也表明了他对《圣经》和阿米尼亚社区坚定的信念。在尤滕伯格特身后的讲台上有一本翻开的《圣经》，说明他正在进行一项宗教研究，但在《圣经》旁边，他的大黑帽子也暗示了他繁忙却逍遥自在的生活。温暖的光线投射在他的脸上和手上，也投射在书本、深色长袍和神学家的头顶上。

清晰的细节暴露了脸上还有手上已经老化的皮肤，还有17世纪30年代，伦勃朗在阿姆斯特丹创作的其他作品中常出现的蕾丝领。1634年，伦勃朗还用同样的表现形式为归正教会的一位官员绘制了一幅双人肖像画——诺维奇的约翰内斯·埃利森（Johannes Elison）以及坐在他旁边的他的妻子玛丽亚·博克诺勒尔（Maria Bockenolle），两个人都是全身像，而且是真人大小的。埃利森戴着头巾、穿着黑色长袍，一只手也放在胸口上，他坐在堆满书籍的书房里，旁边是一本打开的《圣经》。

之后伦勃朗还为尤滕伯格特创作了一幅蚀刻的肖像画（1635年，图23），上面还有格劳修斯写的拉丁文手写体的字，是给前者的悼词，也是对他流亡中所遭受的一切苦难的总结。大意如下：

世俗的法庭有义务谴责这个被信徒、士兵和法院本身所钦佩的人，并且消除他的罪恶。哦，海牙，经过多次徘徊，你的子民回来了，憔悴了，但却不仅仅是因为岁月的消逝。

图 23 《乔汉斯 · 尤滕伯格特》（*Johannes Uytonbogaert*），蚀刻版画，创作于 1635 年

17世纪30年代中期，尤滕伯格特遭受的苦难更多，因为弗雷德里克·亨德里克站在了反抗议派的一边，并且与西班牙属荷兰再一次发生了冲突。伦勃朗生动又谨慎地呈现了一幅尤滕伯格特的半身像，画中他坐在一张桌子后面，面前摊开一本很大的书，手肘边还有一堆其他的书。他的穿着打扮很学术派，一件带毛领的学术长袍，头上还戴着一顶无边小帽。他目光坚定。和格劳修斯的悼词一起，这张作品很可能流传到了抗议派这位领导人的朋友和支持者那里。

在17世纪40年代，伦勃朗为另一位宗教领袖和他的妻子绘制了一张大篇幅的肖像画，但这次是绘制在一整张油画布上，而不是像埃利森那样分成了两张。这个任务（1641，图24）是由一位著名的演说家和传教士委托的，他是门诺派，也是个布商，名叫科内利斯·克拉西斯·安斯洛（Cornelis Claesz Anslo）。1640年，伦勃朗开始创作这幅画时，谨慎地选择了墨水画的形式（用黑色粉笔勾勒出大概），画中的人物都是全身像，原计划很可能是要做成悬挂的肖像画。在画中，我们能看到桌子旁的传教士，戴着帽子，穿着毛皮衬里的学术长袍。他把身子转向了左边，左手反复比画着，好像在解释他一直研究着的那本翻开的《圣经》。从仰视的角度看，我们只能看到他的半个身子，在绘制布面油画时，伦勃朗也选用了同样的姿势，在油画中，安斯洛转向他的妻子阿尔特杰·格里茨德尔·思腾（Aaltje Gerritsdr Schouten）。通过交流，两个人物结合到了同一张画布上（可以和 1632 年绘制的加德纳的双人肖像画相比较；图 7）。

画中的背景是另外一个堆满书籍的书房，桌子上铺着

图 24 《科内利斯·安斯洛和阿尔特杰·格里茨德尔·思腾》（*Cornelds Anslo and Aaltje Gerritsdr Schouten*），创作于 1641 年，布面油画

毯子，上面有几卷书，整个桌子占据了画布二分之一的篇幅，以强调这位严守教规的门诺派信徒对书籍内容的重视。和伦勃朗绘制的肖像画中常见的贵妇的衣领和袖口相比，阿尔特杰的服装比较保守，显得也比较端庄。她专注地听着她虔诚的丈夫讲的话，因为边听边在思考，眼神显得有些凝滞。两个人物都传达出了门诺派的教义，及内心的信仰和个人的灵感，从画中桌面上的烛台或许能看出来，这个烛台与安斯洛形成了平衡。

在这幅画中，文艺复兴时期流行的描绘正在说话的人物的肖像画画法对于安斯洛来说更为重要，也许是因为安斯洛传教士的身份，伦勃朗面临的挑战是如何在静态的绘画中将这个正在说话的动作传达出来。16 世纪初，阿尔布雷希特·杜勒（Albrecht Dürer）在为宗教改革者如伊拉斯谟（Erasmus）或路德的中尉菲利普·梅兰奇（Philipp Melanchthon）绘制肖像画时，也面临过同样的难题。在印制出来的作品上，他通过铭文更加强了画作本身的效果，就像伊拉斯谟那幅画上写的那样：文字使这幅肖像画更精彩。事实上，伦勃朗的这幅肖像画还引起了他与阿姆斯特丹著名诗人剧作家约斯特·范·登·冯德尔（Joost van den Vondel）的争论，后者曾写下过一篇关于文字和画作之间长久以来存在的竞争的诗：

没错，伦勃朗画出了科内利斯的声音，但能看见的只是最少的一部分，看不见的也只能通过耳朵来获取，看见安斯洛的人必须听到他才行。

但是另一位抗议派的诗人卡斯帕尔·巴莱斯（Caspar Barlaeus）也写了一首拉丁文的诗，对安斯洛和伦勃朗的肖像画都表达了敬意。他的最后一句话把这位传教士描述成了虔诚的缩影：荷兰人的典范。安斯洛是这样被形容的：

他的虔诚无须赘述，他自己也无须多说什么，他的形象向人们传达了一切。

然后，安斯洛想从伦勃朗那里得到更多作品，于是便让伦勃朗绘制了一幅单人蚀刻画（1641，图 25）。这幅单人肖像画还引起过争议，有人觉得一个以说话为主的传道士太过于强调自己的个人形象了。但是在 16 世纪 30 年代的德国，也就是再洗礼派时期，门诺派知名传教士的肖像画就得到了印制，这个传统一直延续了一个世纪。对于这第二幅作品，伦勃朗选择了另外一种样式，红色粉笔绘制主体，白色粉笔来强调和修正，还一反常态地签了名并把日期写成了 1640 年。为了便于转移，伦勃朗还对原画的轮廓进行了切割，所以印制出来的作品和原画的尺寸是不相符的。几个细小的变化让我们看到了另外一个安斯洛：他坐在桌子后面，右手搭在一本书上，手里还拿着一支笔，这本书可能是他自己的作品。桌子上还有一本打开的书放

图 25 《传教士科内利斯 · 安斯洛》（*Preacher Cornelis Anslo*），木板画，创作于 1641 年

在其他书上面，他的左手和之前一样摊开着。画中还有一张带画框的画（可能是一面镜子）悬挂在墙上，上面有伦勃朗的签名和日期，在传教士身后的另一面空墙上，伦勃朗还加了一个钉子。这两样物品可能进一步暗示了安斯洛强加给自己的朴素人设（但他还戴着同样的帽子，穿着带毛边的长袍）。对画作的否认也符合门诺派的信仰，他们认为传达上帝的言辞要比宗教形象更为重要。

伦勃朗与门诺派各个教派的联系始于在过去十年中他和亨德里克·乌伦博格（Hendrick Uylenburgh）的联系，乌伦博格是伦勃朗在阿姆斯特丹早期的经纪人，也是门诺派一个分支的信徒。伦勃朗与这个宗教团体的联系非常明显，在1642—1644年间，他的丹麦学生伯恩哈德·凯尔（Bernhard Keil）就向意大利的菲利普·巴勒蒂努奇（Filippo Baldinucci）提到过，伦勃朗本人就是门诺派（在1686年出版的一本传记中提到过）。但没有文件能够进一步证实这一说法，而伦勃朗为《圣经》绘制的诸多插画（包括《旧约》里的故事）也与门诺派的教义相悖。

人物个性更加突出的是伦勃朗为一位神职人员绘制的肖像画，这位神职人员是伦勃朗的亲戚，也就是他妻子萨斯基亚的家庭监护人：扬·科内利斯·西尔维乌斯（Jan Cornelisz. Sylvius）。1646年，伦勃朗为他创作了一幅蚀刻画（图26）。西尔维乌斯在弗里兰斯为归正宗教会众服务，他在那里与萨斯基亚的表妹结了婚；1632年，萨斯基亚和伦勃朗订婚时，他也为他们进行了服务，并见证了他们前两个孩子的洗礼。据资料显示，在阿姆斯特丹时，他一直在旧教堂任职，尽管归正宗和抗议派之间的冲突十分激烈，但他还是“传播了45年的圣言”。

伦勃朗早年间就曾为西尔维乌斯创作过一幅蚀刻肖像画（1633年），这也拉近了整个家族的关系。画中，西尔维乌斯坐在书房里，和同年创作的尤滕伯格特那幅作品一样，都是半身像，但伦勃朗与西尔维乌斯更加亲密，这个从他那本翻开的书上的双手就能看出来。他微微垂下的眼睛表明了他的虔诚。和尤滕伯格特相比，画中没有体现模特身份的铭文，因此我们推断，这幅作品很可能是用于家庭内部流传的。

更为著名也更具有戏剧性的作品是1646年伦勃朗为西尔维乌斯创作的另一幅篇幅较大的蚀刻画，是对逝世的模特的一个致敬（西尔维乌斯在1638年逝世，享年74岁，这在印制出来的作品上也能看到）。画中，模特被放在了一个椭圆形的舷窗里，这也是来自弗拉斯哈尔斯的哈勒姆惯用的展示手法，哈勒姆的两幅作品《牧师约翰内斯·塞缪尔（Johannes Acronius）》（1627年）和《约翰内斯·博加

图 26 《扬 · 科内利斯 · 西尔维乌斯》（*Jan Cornclisz Sylvius*），蚀刻画，创作于 1646 年，模特逝世后印制

杜斯（Johannes Bogardus）》（1628 年，画作已丢失）都被扬·范·德·维德二世进行了刻制。这种展示方式模拟了石碑，特别适合为已过世的人绘制肖像画，因为这种形式来源于古罗马的盾牌肖像，在罗马，仍被吉安·洛伦索·贝尔尼尼（Gian Lorenzo Bernini）作为当代纪念馆里肖像画的格式——就像他 1643 年为圣母堂里的玛丽亚·拉吉（Maria Raggi）绘制的著名墓像画一样。伦勃朗再一次用墨水画勾勒出了蚀刻画的轮廓，椭圆形的布局、下方的阴影以及模特的手势和手势的阴影都一起勾勒了出来，印刷时，方向会反过来。

在这幅作品中，伦勃朗把早期写给尤滕伯格特的题词进行了润色，还用专业的书法将题词写在了画作下边，让巴洛伊斯的拉丁文悼词看上去更让人愉悦，这段悼词辞藻华丽，赞扬了传教士的模范生活：

这就是西尔维乌斯的样子：

他的口才教会人们尊重基督，也向人们指出了通往天堂之路；

通过他的传播，我们都听到了上帝的声音。

他向阿姆斯特丹的市民布道，向人们传播正确的生活方式，而不只是提高嗓门，通过这种方式，人们对耶稣有了更好的理解。

伦勃朗掌握了创作版画作品的所有技巧，在这幅蚀刻画作品中，他还运用了铜版画精雕细刻的手法。他对光线有着极强的感知力，椭圆形框架中西尔维乌斯的手和《夜巡》以及两张早期的安斯洛的肖像画中的手得到了同样的处理，但西尔维乌斯的手在椭圆框架外投下了一道阴影，好像要伸向观众似的。第二个阴影是他左手边的一本书投下的，可能是一本《圣经》，西尔维乌斯用左手的手指把书分成了几部分，手指停留的地方应该是为了标记要做比较的几个段落（可以和之前的图 21 进行比较）。最后是传教士本身的影子，影子投射在椭圆形的左侧边缘上。事实上，敬虔的牧师正在向那些还记得他并以他为荣的这幅画作的观众发表演说。这张具有纪念意义的画作以及其中的拉丁文诗作是特别为阿姆斯特丹的公民绘制的，向世人传达了一个开放、正式又具有普遍意义的宗教形象。

伦勃朗和《圣经》

不论是油画还是版画还是其他许多作品中（大部分都没能保存下来），伦勃朗都绘制了很多与《旧约》和《新约》中的人物和故事相关的作品，这也使得他广为人知。他的叙述表明他是《圣经》的忠实读者，包括一些甚至不是加尔文主义的伪经文本，如《托比特之书》、贝尔与龙的故事还有苏珊娜和老者的故事，这两个故事都出现在《丹尼尔之书》中。他的一些灵感来源于他在阿姆斯特丹的老师，彼得·拉斯特曼（1583年—1633年），一位天主教徒（1605年在罗马），他对《圣经》中的场景、人物的服装和经典特征的诠释，也是伦勃朗在其整个职业生涯中都会经常借鉴的元素。

他选择的主题（《使徒行传》7：58—60）很可能与归正宗教会内部的冲突有关，冲突的爆发点来自伦勃朗的家乡——莱顿的大学教师。因此，圣徒们所遭受的痛苦很可能与抗议派一直所遭受的迫害一样，都来自他们此前共同的宗教信仰者。在暴乱者的肖像画中，我们能辨别出有几幅可能是伦勃朗的自画像。在一幅作品中，伦勃朗向人们展示了他自己作为一个基督圣徒殉难的见证者和参与者的形象，同时也体现了艺术家的罪恶感和内疚感。这种对虔诚的独特表达也成为中世纪后期对《耶稣受难记》以及《福音》中其他令人深思的时刻的一种表达方式。而在16世纪，用于耶稣会天主教冥想的伊格内修斯·洛约拉的灵性操练以及抗议派广泛传播的情感内化也传入了荷兰，人们将《圣经》翻译成本地语言（如钦定本和荷兰语的《圣经》），这也使得更多人能够接触到《圣经》。从最初的几幅画开始，伦勃朗向世人公开表达了他虔诚的基督教信仰。

伦勃朗曾参与过一个项目，这也是他早期宗教主题作品中非常有代表性的一个作品，一开始是作为油画来创作的，但很快就变成了篇幅更大、细节更多的蚀刻画。《基督落架图》（*The Descent from the Cross*，1633；图 27）复制了另外一幅油画（创作于 1632 或 1633 年，陈列在慕尼黑的老绘画陈列馆），是伦勃朗为总督弗雷德里克·亨德里克最近创作的一幅作品。尽管伦勃朗已经成为福音场景戏剧化展现的蚀刻大师（和他之前创作的《拉撒路的复活》相比较），为了制作这幅精美细致的版画，他还聘请了一位专业的蚀刻画大师：雕刻师扬·范·凡利特（Jan van Vliet，1600/1610—1688）。很多细节，如光线（包括从天空投射下来的光线）、背景建筑物以及任务面部和服装的细节都出自范·凡利特之手。

将油画变成能够广泛流传的蚀刻画的想法来自伦勃朗一位较为年长的对手——彼得·保罗·鲁本斯，他聘请了一组专业的雕刻师，将他最著名的几幅画变成了蚀刻画，有关于宗教的，也有关于神话故事的，甚至包括之后的风景画。事实上，从 16 世纪意大利的拉斐尔和提香开始，一位著名画家的标志之一就是蚀刻画的创作以及对其知名油画作品的复制。鲁本斯跟随了拉斐尔和提香的步伐，伦勃朗最初也想追随鲁本斯的脚步，所以他创作了蚀刻版的《基督落架图》。鲁本斯所创作的《基督落架图》（1611—1612）

图 27　伦勃朗 & 扬 · 范 · 凡利特《基督落架图》（*Descent from the Cross*），蚀刻画，创作于 1633 年

是受安特卫普火绳枪手委员会委派的一个任务，这个民兵组织相当于伦勃朗《夜巡》里所描绘的民兵组织，但这幅作品其实是在描绘祭坛饰品的宗教形象，主旨在于描绘耶稣本身。鲁本斯这幅《基督落架图》的蚀刻版是由卢卡斯·沃斯特曼（Lucas Vorsterman）完成的（1630），这可能也给伦勃朗带来了非常直接的刺激。

在鲁本斯的画中，高大又健硕的耶稣几乎占据了整个画作的中心，是画作中最明亮、最大的人物，被一圈追随者围绕在中间。相比之下，伦勃朗所绘制的耶稣连身体都没有完全展现，他挂在十字架上，身下是许多脾气暴躁的信徒，他们用肩膀艰难地扛着耶稣和十字架。伦勃朗所绘制的耶稣赤身裸体，没有像鲁本斯画中那样裹着缠腰布，虽然被放置在画作中心，但他整个人是挂在十字架上的，头比肩膀还低。耶稣的左手已经完全失去了力气，只能搭在梯子上一个信徒的手上，他努力支撑着耶稣，以免他掉下去。

在对蚀刻画（在油画中不是那么清楚）进行过检查后，人们发现其中一位皱着眉的信徒就是伦勃朗本人。在《基督落架图》中，他把自己变成了耶稣的追随者，他在分享殉难的痛苦而不是在强调这种痛苦。更为引人注目的是在另一幅相匹配的作品《升上十字架》（*Raising of the Cross*，没有被雕刻成蚀刻画）中，伦勃朗戴着一顶蓝色的贝雷帽，出现在十字架脚下，也是画作最明亮的部分，就像殉难的煽动者和基督的心腹，而不只是一个富有同情心的受害者一样。在这幅作品中，伦勃朗不仅仅是这幅画的创作者，他也表达出他对自身信仰的理解——基督徒们犯了罪，以此来承担基督所受的折磨（这种观念也被称为“永恒的激情”），但他们也可以成为忠诚的追随者，将众人的情感与当时的场景连接在一起，好像他们是目击者一样。

荷兰改革派诗人创作的当代诗歌表达了类似的情感。比如，杰里米亚·德·德克尔（Jeremias de Decker）撰写的《耶稣受难日》就充满了一种忏悔的语气，传达了诗人对罪恶的认知和对耶稣受难的同情：

在这个悲惨的日子里，喜悦不复存在，悲伤的音乐应当响起，

主啊，我为你所遭受的痛苦而心痛，而我也看清了我的罪恶。

惠更斯是伦勃朗这些与耶稣受难相关的画作的早期支持者，也是伦勃朗与总督之间的联络人，在17世纪20年代就翻译了约翰·多恩（John Donne）的诗歌，例如《向

西骑行》(*Riding West Ward*)中的《耶稣受难日》(*Good Friday*, 1613)。在《来自内心的呐喊》中，多恩用下面这句发泄的话语消除了他的罪恶:“就当我罪有应得，惩罚我吧。”

而伦勃朗却并没有继续将他的画作变成蚀刻画，他为总督创作的与《新约》相关的一系列画作也只完成了几幅，而且从未跟进过。但在画家写给他的赞助人惠更斯的一封信中，暗示了他在宗教作品中所追求的效果。1636 年 2 月，伦勃朗记录下了他在为总督绘制三幅与耶稣受难相关的作品时所做的精心准备，这三幅作品是《埋葬》(*Entombment*)、《复活》(*Resurrection*)和《升天》(*Ascension*)，只有最后一幅画作完成了，前两幅都只完成了一半。1639 年，伦勃朗又给惠更斯写了一封信，他表达了想用“最伟大、最自然的情感或动作”(原文‘die meeste ende die naetuereelste beweech- gelickheijt’)来绘制一幅作品的渴望，在原文中，最后一个词既可表示情感也可表示动作，口译员们对这一单词的翻译也争论不休。然而，对于伦勃朗而言，这两者是相互关联的，就像列奥纳多·达芬奇(Leonardo da Vinci)所说的通过身体姿势和面部表情所传达的“心灵运动”一样。值得注意的是，在 17 世纪 30 年代，也就是伦勃朗的事业进入成熟的时期，他所绘制的宗教主题的画作中的人物动作很多，他们通过各种各样的姿势来大胆地表现他们的情感。他似乎有计划去创作更多的蚀刻画，可能还是跟范·凡利特合作，范·凡利特曾经把《戴荆冠的基督》（*Christ presented to the People*，1634）的油画草图变成了一幅更为精细的蚀刻画，而且篇幅更大。但在同一时期，伦勃朗为几幅小型的黑白画做了准备，包括《正在布道的施洗者柏林·约翰》（*Berlin John the Baptist Preaching*）。

在《伯沙撒的盛宴》（*Belshazzar's Feast*）中（约创作于1635年，图28），伦勃朗对《旧约》宗教场景的戏剧化展现达到了高潮。丰富多彩的服饰、静物元素和灯光都凸显了人物的面部表情和戏剧化的姿势。在画作的中心，一个身着华丽的锦缎长袍、头戴充满异国色彩头巾的统治者仿佛受到了惊吓，一下子把身子转了过去。在他两侧，不论是面朝着我们还是背朝着我们的人物都同样惊讶不已，其中一个拿着金色水壶正在倒酒的人物都被吓得动不了了。他们都看到了一个超自然的事情，一位圣人正在用希伯来文字（伦勃朗绘制得很准确）写下对众人的警告。这幅作品描绘的是《但以理书》第五章中的一个场景，巴比伦国王伯沙撒从犹太人的圣殿中掠夺了许多宝物，正在耶路撒冷庆祝。这个神圣的信息是在警告伯沙撒，因为他的亵渎，

“上帝已经算好了你的国家还能存在的日子，而且你的国家很快就会灭亡了；经过考验，你不能胜任国王”。此外，消息还预言他的王国将被米堤亚人和波斯人（在居鲁士大帝的带领下）分割，波斯人甚至在之后还会围攻耶路撒冷。伯沙撒会在夜晚结束前死去。

只有年轻的先知达尼尔才能读懂这些希伯来文字，不仅仅因为文字本身，还因为这些文字需要纵向来读，而不

图 28 《伯沙撒的盛宴》(*Belshazzar's Feast*)，布面油画，约创作于 1635 年

是横向，根据当代一位犹太法学博士的理论纵向来读的方法巧妙地解决了题词无法被读懂的问题。这位法学博士叫玛纳希·本·伊斯雷尔（Menasseh ben Israel），他住的房子就在伦勃朗家的对面。他那段关于警告的论述出现在1639年他发表的一篇文章中，距离伦勃朗完成那幅画有几年的时间。文章发表前画作中的希伯来文就得到了翻译，这表明伦勃朗肯定向这位法学博士咨询过希伯来语和题字本身布局的问题。你可能还记得在《正在布道的施洗者约翰》这幅画作中，那些犹太人的服装上也写着希伯来字母，与如今的希伯来《圣经》中相同的段落相比较，按照这种方法来读那些字母，所表达的意思还是很准确的。

1636年，伦勃朗创作了一幅蚀刻画，画中是一个出现在椭圆形边框中戴着宽边帽子的男人，人们一直认为这个男人就是玛纳希·本·伊斯雷尔（Menasseh ben Israel），但通过与犹太艺术家和雕刻家萨罗姆·伊塔利亚（Salom Italia）所创作的玛纳希的肖像画相比较，有学者认为伦勃朗所绘制的不是玛纳希。在伊塔利亚线条比较粗糙的作品中，玛纳希更加苗条，面部的毛发更加浓密也更显整洁。1637年，伦勃朗的学生格瓦特·弗林克也为他这位身份不明的模特绘制了一幅肖像画，年龄写的是44岁，而1637年，玛纳希只有33岁。后来，伦勃朗受另一位犹太赞助人委托创作了一幅蚀刻肖像画，这位模特的身份是确定的，他就是医生兼诗人，埃弗拉姆·布埃诺（图 15）。

伦勃朗绘制的另外两幅作品中分别有一个戴着瓜皮帽的男人（创作于 1648 年和 1663 年），他们通常被当成阿姆斯特丹社区里的犹太人，但正如我们所见，荷兰共和国虔诚的传教士也戴着瓜皮帽。显然，在 17 世纪，这种头饰并不是虔诚的犹太人的专属。这两幅作品似乎都不是受什么知名人士的委托来创作的，但这种可能性也很大，因为这些都是对布里斯特地区真实存在的犹太邻居的研究，在以后会被用作伦勃朗所绘制的宗教主题的作品中，成为听众的一种类型。

事实上，伦勃朗确实创作了几幅耶稣的头像画。最好的一幅如今在柏林（约创作于 1650 年，图 29），还有另外八九幅不同版本的作品，出于作者或工作室的原因，这几幅作品存在的状态各不相同。关于这些头像画的争论也一直存在，人们在讨论这些头像画是否来自一个真实存在的模特，一个住在布里斯特地区、留着长发的犹太邻居。现存的诸多版本似乎排除了这些画作来源于不同模特的可能，但可能会有一个真实存在的模特，他给伦勃朗带来了些灵感。到了这个时期，伦勃朗已经根据自己的想象绘制了几十年的基督头像，最近的一幅是 1648 年绘制的《以马忤斯

图 29 《耶稣头像》（*Head of Jesus*），木板油画，约创作于 1650 年

的晚餐》(*Supper at Emmaus*),作品陈列在巴黎的卢浮宫,同年的工作室版本陈列在哥本哈根。事实上,学者们经常会把长发的基督头像画与卢浮宫里陈列的《以马忤斯的晚餐》中的人物联系在一起。

对于这些头像画的研究还存在很多无法确定的部分,这也凸显了它们的重要性。它们看起来就像是肖像画,灯光的角度和转头的方向不同,姿势也就不同,但都是日常生活中很随意的姿势;他们的面部表情看上去很自然也很有说服力。特别是为了避免对称的人物正面姿势或外形会给人带来静止不动的感觉,就像个图标一样,伦勃朗绘制的耶稣让人觉得他还活着,而且就出现在眼前,非常鲜活,像一位演员一样,表演出各种动作。17 世纪 40 年代末,伦勃朗开始绘制宗教主题的作品,在他职业生涯的后半段,他将更多的注意力放在了描绘人物内在的心理状态和性格上,而不是身体上的动作和各种各样的姿势,就像我们在这里看到的这些作品,人物的内在主要通过他们的面部和眼睛来传达。

伦勃朗曾精心创作过一幅关于福音故事的蚀刻画,画中有很多人物,就像《正在布道的施洗者约翰》一样,这幅画现在被称作《值一百荷兰盾的版画》(*Hundred-guilder Print*,约创作于 1648 或 1649 年,图 30),早期人们对这幅作品进行了估价，价格高昂，所以有了现在这个名字。这幅作品绘制的是《马太福音》第十九章中的一系列事件：医治病人；迎接孩童，他们是无条件的信仰和爱的缩影（“让孩子们来找我”，《马太福音》19：14）；对富人的谴责；教导门徒，他们出现在了基督的右手之上。很多作品描绘了基督的诞生和殉难，一个是他在人世间生命的开始，一个是生命的结束。伦勃朗并没有选择这两个事件来进行创作，他展示的是在履行使命的耶稣，积极地布道，教导并医治他的门徒。

图 30 《值一百荷兰盾的版画》（*“Hundred—guilder Print” Christ Preaching and Nealing*），蚀刻画，约创作于 1648 或 1649 年

这张长发的耶稣头像让我们看到了柏林那张耶稣头像以及众多头像的影子。但在这幅作品中，耶稣的面颊更加修长，在他身后的深色阴影里，还有一个非常明显的超自然光环。作为版画家，伦勃朗在这幅作品中使用了混合凹版工具，粗糙的铜版画模具使得人物的轮廓和阴影形成了对比。在这幅作品中，耶稣站在正中间，是最高的人物，下方是一众门徒，通过不同的细节描绘出了年轻人、老年人、富人、穷人，追随者甚至是敌人。在画面左侧边缘处，一群法利赛老人背对着耶稣，正一起交谈着什么。

在右侧的门洞下，甚至还出现了一匹骆驼，明显是在暗喻经文："骆驼穿过针眼也比富人进入上帝的国度更容易。"（《马太福音》19：24）在这幅作品中，这节课的目的也能通过左侧一位坐着的年轻人体现出来，他被几位母亲和孩子包围着，他们用手捂住他的嘴，似乎因耶稣的话语而感到非常痛苦。他的处境很可能反映的就是伦勃朗在 17 世纪 40 年代后期所陷入的困境，当时他自己的财务状况开始恶化，并最终在 1656 年宣布破产。

和伦勃朗的许多版画一样，这幅作品好像在避免被牵扯进 17 世纪令荷兰出现教派分化的争议中。特别是婴儿洗礼这个敏感的话题，门诺派不支持这种做法，但归正宗教会和早期路德宗的加尔文主义者是赞同这种做法的。耶稣为孩童祈福的形象是严格按照《圣经》来创作的，任何一方都挑不出毛病来。运用类似的方式，伦勃朗在1639年创作了蚀刻画《圣母之死》，似乎在平衡新教徒和天主教徒的观点，因为它强调的是圣母身体上的衰老，而不是上方天堂使者的迎接。此外，尽管床边有一位斜倚着的牧师，但圣母去世后并没有举行圣礼，也没有为其加冕的迹象。在天主教中，圣母死后得到加冕是非常常见的。因此，伦勃朗在创作宗教作品时，特别是在版画中，似乎有意在弱化其中的细节，这样在发生神学上的争论时他会更加安全，受众也会更多。他甚至还创作了其他体现天主教的传统更为明显的蚀刻画，像是圣弗朗西斯（1657）和诸多圣杰罗姆以及麦当娜的版画，云中的圣母和圣婴（1641），拿着殉难工具的悲伤的圣母玛丽亚（1652）等。

伦勃朗对《旧约》的描绘一直延续到他艺术生涯的晚期，他那幅巨大的《拿着法典的摩西》（*Moses with the Tablets of the Law*，1659，图31）就是最后几幅作品中的一幅。在这幅作品中，最后五条诫命中的“你不应该”都是用希伯来文字呈现的，传达的意思也非常准确。在加尔文主义者将宗教形象从教会中移除后，十诫在荷兰承担了更大的宗教使命。事实上，许多荷兰庇护所甚至把诫命用荷兰语刻在了祭坛上。荷兰加尔文主义者总是把自己当成

图31 《拿着法典的摩西》（*Moses with the Tablets of the Law*），布面油画，
创作于 1659 年

现代的以色列人，他们逃离了西班牙天主教国王腓力二世法老式的压迫。此外，在耶稣降临之前，加尔文自己也把上帝与亚伯拉罕之间的约定以及《旧约》中的犹太人当成了一种启示。事实上，在这里，加尔文主义者的信条和犹太人的理念联系得更加紧密，因为与天主教的信条相比，他们都采用了《出埃及记》中的第一条诫命："除了我以外，你不可有别的神。"（《出埃及记》20：2—3）因此，伦勃朗的希伯来语和他选择的展现法律的形式也响应了加尔文主义关于十诫中神圣恩赐的理念。只有在描绘《新约》中的场景时，伦勃朗才把犹太人放在了耶稣的对立面，因为他们要实现《旧约》中的预言，所以他们要积极地反对耶稣（就像在《正在布道的施洗者约翰》和《值一百荷兰盾的版画》中的场景那样）。伦勃朗还发现，中世纪的天主教把摩西描绘成了头上长角的样子，这其实是希伯来的圣杰罗姆对拉丁文的一个误译，原文形容的是当摩西和主在西奈山上交谈后，头顶上放射出光芒。因此伦勃朗绘制的摩西头发总是卷卷的，看上去像是长了角，但还是比较自然的。为了抗议人们对金钱的崇拜，摩西将法典高高举起想要将它们摔碎，这一举动是否出于愤怒还有待商榷，尽管他那闪闪发光的脸上带着一丝愤怒。摩西似乎更愿意把这些诫命当作约定的一种封存和犹太人的源起之处。

大约在同一时间，新的阿姆斯特丹市政厅委托伦勃朗的学生费迪南德·波尔（Ferdinand Bol）为治安法庭绘制了一幅画，就是《从西奈山上下来的摩西》（*Moses Descending from Mount Sinai*，1666年绘制完成，图18），画上有很多人物。这幅作品进一步强调了荷兰加尔文主义者与《圣经》先祖间的联系，也强调了摩西作为现代城邦立法者的重要性。

伦勃朗在创作油画和版画时，经常会选取犹太族长亚伯拉罕的故事作为题材，他是宗教的创始人，也是信徒的典范。亚伯拉罕对上帝的顺从体现在他愿意献上自己的儿子和他最宠爱的以撒作为对上帝的燔祭（《创世记》22：1—19）。伦勃朗多次描绘了这个悲惨的场景。一幅巨大而充满戏剧色彩的人物全身画向我们展示了这样一个场景：就在亚伯拉罕将刀刺向以撒的前一刻，一位天使突然抓住了他的手，那把刀就那么悬在半空中。还有一幅1645年完成的蚀刻画描绘的是献祭前这对父子的对话，更发人深省。画中年轻的以撒抱着一捆柴火，询问本来要作为祭品的动物都去哪了；而戴着头巾的亚伯拉罕则指着天空，回答说主会提供的（《创世记》22：7—8）。伦勃朗关于这个题材的最后一幅作品是1655年的一幅蚀刻画（图32），在上帝和人之间所发生的故事中加入了同情。这个戏剧性的时刻还是代表了整个故事的高潮，亚伯拉罕一动不动地举着一把刀，刀下是跪着的以撒，亚伯拉罕用手挡住了以撒的眼睛，这样以撒就看不见自己要做什么了，也不会知道他那些黑暗的想法。而天使突然出现，他用双手握住了亚伯拉罕的

图 32 《以撒的牺牲》（*Sacrifice of Isaac*），蚀刻画，创作于 1655 年

手臂，制止了他的行为，也从后面稳稳地保住了这位族长（《圣经》中的注释写的是“天使来自后方”，也是这幅作品如此呈现的一个依据）。尽管从上方投射下来的圣光沐浴了画中的每一个主要人物，但伦勃朗还给这幅作品添加了另外一个特征：在亚伯拉罕深深的眼窝中，人们几乎看不见他的眼睛。这也可能来源于《圣经》的描述，在《创世记》（22：14）中，这一时刻的重要性在于故事发生的地点也就是圣殿山给人们内心的启示，这个名字意味着“上帝的视觉”。

伦勃朗一直相当受欢迎，特别是他后期绘制的作品，因为他将注意力放在了对人物内心反思的表达上，特别是《圣经》中的人物。在《拔示巴》（*Bathsheba*，1654，图33）这幅作品中，伦勃朗将这种表现手法发挥到了极致。主人公无意中引诱了国王大卫，并成为继承人所罗门王的母亲。在这幅画中，女仆躲在阴影处，乍一看仿佛只有她一个人一样。她手中的这封信是国王大卫与她之间的唯一交流，也是除了洗脚这个动作外，唯一具有叙述性的物品。她很美，这从她赤裸的身体上就能看出来，阴暗的背景将身体衬托得更加显眼，观众会不自觉地把视线定格在她的身上，但她却低着头，眼神涣散地看着某处，这也体现了她的迷茫，一边是欲望，一边是对婚姻的忠诚，这两种想法不断发生冲突。

这幅描绘裸体女性的全身作品也是伦勃朗对其崇拜的前辈大师（尤其是提香和鲁本斯）表达敬意之作，也是他艺术生涯中的一个高峰。这个人物非常逼真，许多学者都希望这个人物是依据伦勃朗的事实婚姻妻子亨德里克

图 33 《拔示巴》（*Bathsheba*），布面油画，创作于 1656 年

耶·斯托弗斯（Hendrickje Stoffels）创作出来的，而不是凭空想象。这幅作品的创作日期也很关键，因为就在那一年，因为和画家非法同居，亨德里克耶被传唤到归正宗教会的官员面前。拔示巴沐浴以及被国王大卫发现时的场景经常被用来体现女性的诱惑力和对诫命中反对通奸的违背。但在这幅作品中，这位女性让人充满同情，她的身体和灵魂都非常人性化，就像《圣经》中对她的赞美那样，“她皈依了真正的宗教”。

《新约》中的圣徒甚至也会有想不清楚的时候。《彼得的拒绝》（1660，图 34）中，伦勃朗绘制了人物的上半身，并通过特写将人们的注意力吸引到了两个亲密交流的人身上，当时彼得被耶稣称为教会里的“石头”（《马太福音》16：18），当受到教会敌人的威胁时，就只会保护自己（《路加福音》22：54—62）。为了体现夜晚的神秘气氛，伦勃朗借助了一支看不见的蜡烛，它被彼得对面的女仆用手挡住了。这种技术是 17 世纪 20 年代——伦勃朗年轻时乌得勒支的艺术家最喜欢的一种手法，如格里特·范·霍索斯特（Gerrit van Honthorst）和亨德里克·德尔·布鲁根，两人都绘制过这个题材。附近还有一个穿着盔甲的士兵，他一边观察一边威胁着彼得，附近的光照亮了他的盔甲，这个士兵也强调了彼得所受到的威胁。彼得将自己隐藏在一个头巾下，头巾就像犹太人祈祷时围的披肩（也许是在表明他是犹太人的使徒的角色），他做出了拒绝的手势，就像耶稣预言的那样。在右侧的背景阴影中，耶稣正被带向他的殉难，但他将身子转向彼得，好像在表达预言已经成真了。这个故事的最后，彼得痛苦地哭了起来，这个场景也被年轻的伦勃朗在另一幅作品中精心描绘了出来，这幅作品就是《监狱中的圣彼得》（*St Peter in Prison*，1631）。

图 34 《彼得的拒绝》（*Denial of Peter*），布面油画，创作于 1660 年

伦勃朗绘制了一幅全身像，在画中，彼得双手紧握，附近的钥匙让我们判定了这位胡子都白了的使徒的身份。相比之下，之后在阿姆斯特丹绘制的那幅则使用了非常多的颜料，在亮度和清晰度上都形成了鲜明对比，但传达的意境是一样的，描绘的都是这位摇摆不定的圣人在面对各种各样的情绪时的复杂心情。

在后期几幅叙事性的作品中，伦勃朗还是把重点放在了描绘带有某种严肃情绪的人类形象上——有时既严肃又充满《圣经》色彩，就像他在《拔示巴》和《彼得的拒绝》中所呈现的那样，主人公都陷在了某种道德层面的困境里。早期他喜欢通过戏剧化的表现手法、手势动作和特写来强调人物，后期他放弃了这种做法，转而采用发人深思的黑暗、变化无常的光线、寂静和孤独来描绘人物。

在他最后的几幅作品中，有一幅可能在他临终前还没有绘制完成，伦勃朗再一次选用耶稣布道的话语作为主题，这幅画的名字叫作《浪子回头》（*Return of the Prodigal Son*，《路加福音》15：11—32；图 35）。这是一个关于悔改的故事，“如果一个罪人懂得悔改的话，天堂里就会有更多欢乐”。伦勃朗描绘的是一个任性的儿子，在挥霍了所有遗产、受尽羞辱后，衣衫褴褛地回到了父亲的怀抱，他非常后悔而且对父亲也绝对服从，迎接他的是无条件的理解

图 35 《浪子回头》（*Return of the Prodigal Son*），布面油画，约创作于1668 年

和包容还有欢喜。此前，伦勃朗曾将同样的场景创作成蚀刻画（1636），只不过这个生动的场景是出现在台阶上。但在后来的这幅比真人更大的油画中，只有两个主要人物，儿子的头埋在父亲的怀中，在阴影里也看不清，父亲的手势更像是祝福而非拥抱，这一幕发生在门口。温暖的金色和红色在深色背景的衬托下好像在发光一样，旁边点缀着几个沉默的人，他们站在那里看着这一幕。年迈的伦勃朗在这里传达出基督教一个永恒的教义，即对罪行真正的悔改和绝对的顺服将得到天父无条件的恩典。他曾迷失自我，但最终找回了自己（《路加福音》15：32）。

第 3 章

伦勃朗和奥兰治家族

鲁本斯（1577—1640）是一位具有国际地位的宫廷艺术家。他在宫廷里长大，他的父亲是“沉默者威廉”的妻子的法律顾问，他的第一份正职工作就是担任曼图亚冈萨格斯（Gonzagas in Mantua）的宫廷画家（从 1600 年到 1608 年）。在职业生涯中，他曾进行过外交旅行，也在当地君主——布鲁塞尔的阿尔伯特和伊丽莎白的授命下，用他画家的技能推动过和平进程。1609 年，当鲁本斯返回安特卫普时，他们还任命他为宫廷画家。1624 年，他被西班牙国王封为贵族，而当时他正在为法国女王玛丽·德·美第奇（Marie de’ Medici）创作——整套用来赞美女王的画作。在 1628 年访问过西班牙之后，他被西班牙国王任命为使者并被派往英格兰（从 1629 到 1630），查理一世在白厅将他封为爵士（1636 年，他应该把给白厅国宴厅天花板的装饰从安特卫普送过去）。1631 年，他在海牙遇见了弗雷德里克·亨德里克，并被新的君主——红衣主教费迪南德重新任命为宫廷画家，之后他开始创作人生中最后一套作品，为西班牙皇室的狩猎行宫帕拉达绘制神话作品。鲁本斯还经常与贵族、外交官和收藏家合作，其中很多人都有多重身份。

因此，鲁本斯仍然是年轻的伦勃朗和荷兰语世界中许多其他艺术家的榜样，政治主张和宗教信仰的不同并不能将这位佛兰德大师排除在他们的圈子外。来自尼德兰北部的国际主义和赞美起源于康斯坦丁·惠更斯的自传（撰写于 1629—1631 年），他将鲁本斯比作“我们这个时代的阿佩尔斯”，以此来回应这位传奇的古希腊画家与其赞助人亚历山大大帝之间的关系。他对于鲁本斯在外交和绘画上取得的成就极尽赞美，称他上知天文、下知地理，还特别挑出了一幅画作——《美杜莎》（*Medusa*），称这幅作品是魅力与恐怖的结合。

和鲁本斯一样，惠更斯也出生在宫廷里。他的父亲是“沉默者”威廉的秘书。1625 年，他成为海牙总督弗雷德里克·亨德里克不可或缺的秘书（1584—1647），为奥兰治家族的三位总督提供过服务。他曾供职于圣詹姆斯王庭，因此在英格兰被封为爵士。他的职责包括与惠更斯经常进行文学上的接触。惠更斯本人是一位多才多艺的音乐家，也是一位成熟的作家，他甚至将约翰·多恩的诗歌翻译成了荷兰语。惠更斯是当时荷兰画家的风向标，他的肖像曾被好几位艺术家绘制，包括扬·利文斯（1628）以及其他许多艺术家。一位名叫埃里克·扬·斯卢伊特（Eric Jan Sluijter）的学者声称，“很难找到另一个17世纪的荷兰人能让这么多人来为他绘制肖像”。

托马斯·德·凯瑟（Thomas de Keyser）是伦勃朗之前阿姆斯特丹另一位知名画家，他绘制的《康斯坦丁·惠更斯和他的职员》（*Constantijn Huygens with His Clerk*，1627，图36）向我们展示了一个坐着的惠更斯，惠更斯正忙着在书桌前处理信函，书桌上铺着一条价格不菲的毯子。在他装修考究的书房里，有一个绘有图案的壁炉架和一张带有与其衣服手臂处徽章图案一样的挂毯，这些都显示出了惠更斯的财富和地位。惠更斯戴着一只手套——这也是贵族特权的象征，身上的衣服里有些像羊毛质地的骑装，能看出来服装很华丽。不同的是，他的职员摘掉了帽子，而惠更斯则一直戴着。惠更斯也向我们展示了他广博的见识，他的办公桌上有一个指南针，应该是绘制建筑图纸用的（可能是其中一位总督的新宫殿），附件还有一个天体仪和一个地球仪（他的儿子克里斯蒂安后来成为物理学家、天文学家、数学家、电路方面著名的科学家），还有一个类似琵琶的乐器。钢笔、墨水和书证明了他与其他人的联系和

图 36　托马斯 · 德 · 凯瑟（Thomas de Keyser），《康斯坦丁 · 惠更斯和他的职员》（*Constantijn Huygens with his Clerk*），木板油画，创作于 1627 年

他的文学活动。正如这幅肖像画所揭示的，惠更斯为海牙的奥兰治总督奠定了一种复杂的、世界性的基调，德·凯瑟绘制的这幅肖像画也让他成为一个兼具严肃性与艺术品位的宫廷人士，就像西塞罗提出的那个理想化状态一样。

在三十年战争爆发后，这种国际风因弗雷德里克五世、普法尔茨选侯和波希米亚的新教国王（从 1619 到 1620 年）的出现而得到了加强，“白山之役”后，这位波希米亚国王就被废了，这也引发了整个欧洲的宗教冲突。作为中欧新教盟友的领袖，1621 年后，他和他的妻子——英格兰詹姆斯一世的女儿伊丽莎白公主（于 1661 年去世）逃到了前者叔叔莫里斯总督的王宫，并在那里度过了奢侈十年的流亡生活。由像格里特·范·霍索斯特（Gerrit van Honthorst）这样杰出的肖像画画家为他们绘制的肖像画，记录了他们在海牙另一个宫廷里的波希米亚宫廷生活。1631 年或是 1632 年冬天，安东尼·范·戴克（Anthony van Dyck，1599—1641）来到了海牙，他为查尔斯·路易斯王子和鲁伯特王子绘制了两幅全身肖像画，这两位王子是弗雷德里克和伊丽莎白最年长的两个儿子，当时他们都在海牙；1635 年后，他们到英国王室拜访了他们的表兄弟，在那里戴克还为他们绘制了一组双人肖像画（1637），两人身着盔甲，拿着军令。

范·戴克是公认的宫廷肖像画大师，他之前还为弗雷德里克·亨德里克绘制过一幅半身长的肖像画（约创作于1628—1629年），画中弗雷德里克穿着军装，拿着军令状，站在一面像堡垒一样的墙前面。这幅画的展示形式来源于16世纪由提香创立的君主和指挥官之间的约定俗成的表现形式，弗雷德里克·亨德里克的很多肖像画家都模仿过这种展现形式，尤其是米歇尔·范·梅耶维尔德（Michiel van Miereveld），他在为弗雷德里克绘制的一幅全身的站姿肖像画中，就用了这种手法。在范·戴克为弗雷德里克的配

图37　格里特·范·霍索斯特（Gerri van Honthorst）《弗雷德里克·亨德里克》（*Frederik Hendrik*），布面油画，创作于1631年

偶——阿梅利亚·范·索尔姆斯（Amalia van Solms）绘制的肖像画中，她坐在扶手椅上，身体朝着总督的画像，脸却面向着观众。

海牙王庭的这种环境正是伦勃朗所渴望的。他甚至抓住机会为阿梅利亚·范·索尔姆斯（Amalia van Solms）绘制了一幅侧面肖像画（1632，图 38），和格里特·范·霍索斯特绘制的弗雷德里克·亨德里克的侧面肖像画（1631，图 37）正好凑成一对。霍索斯特（1592—1656）从乌

图 38 《阿梅利亚 · 范 · 索尔姆斯》（*Amalia van Solms*），布面油画，创作于 1632 年

得勒支出道，因风俗画和宗教绘画而闻名，他的画有着强烈的明暗对比，这种创作手法来源于罗马的卡拉瓦乔（Caravaggio）。1613 年到 1620 年，前者曾出访罗马。鲁本斯在 1627 年曾去过他的工作室。但之后在 1628 年，霍索斯特在伦敦的查理一世宫廷也度过了一段时间，在那里，他为王公贵族们绘制了多幅肖像画，也创作了一幅有寓意的作品：白金汉公爵化身为默库瑞，将人文艺术带给阿波罗和戴安娜，二者分别是查尔斯一世（Charles I）和他的女王亨利埃塔·玛丽亚（Henrietta Maria）的化身。1635 到 1639 年间，霍索斯特甚至接到了丹麦的克里斯蒂安四世（Christian IV）委派的一个任务，为克伦堡宫（Kronborg Castle）绘制纪念丹麦历史的作品，而当时他人还在海牙，正在为冬王（弗雷德里克王业）工作。

霍索斯特在为总督绘制肖像画时，选用了带卷轴的椭圆形作为框架，伦勃朗为阿梅利亚绘制肖像画时也采用了同样的模式。总督穿着带蕾丝领的盔甲，和女主人蕾丝更多的领子和戴着的珍珠项链很像。然而，1632 年的一份资料显示她的画像是被单独悬挂的，这表明它并没有得到女主人公的青睐。和范·戴克那幅线条更为柔软的作品甚至是范·戴克本人相比，这幅作品可能有些平实，也不那么讨人喜欢，因此范·戴克本人很快就补上了一幅女主人的

图 39　格里特 · 范 · 霍索斯特《阿梅利亚 · 范 · 索尔姆斯》（*Amalia van Solms*），木板油画，创作于 17 世纪 30 年代

侧面像（图 39，日期不详），很可能是为了取代伦勃朗的那幅。惠更斯似乎对这一时期伦勃朗的另一幅作品也不是很满意，1633 年，他在一幅拉丁语的对联中写到伦勃朗为他的朋友雅各布·德·吉恩三世（Jacques de Gheyn III）绘制的肖像是以线条结束的，手是伦勃朗的，特征是德·吉恩的。

好好欣赏这幅画吧，读者们，尽管这根本不是德·吉恩。

此后，除了已经委派给伦勃朗的肖像画任务，惠更斯再没有让伦勃朗绘制过另外一幅。此时伦勃朗已经成为阿姆斯特丹最有天赋也最受欢迎的肖像画家。

尽管伦勃朗和利文斯两人家世平平，他们还是被极具影响力的惠更斯给挑选了出来，哪怕只是作为年轻画家。惠更斯把他回忆录中相当一部分的插画都交给这两位前程似锦的年轻画家来绘制，称他们“既有天赋又有才能”。惠更斯声称，在揭示主题本质方面，伦勃朗要比利文斯做得好，作品的篇幅虽然较小，但往往能触动人心，他特别用 1629 年创作的那幅《犹大退还三十枚银币》（*Judas Returning the Thirty Pieces of Silver*）中那个忏悔的主人公的姿态证明了这一点。利文斯因其绘制的肖像画和大篇幅的展示手法而受到称赞。惠更斯曾警告过二人要戒骄戒躁，并建议他们去意大利学习，就像鲁本斯和霍索斯特一样。大约在1632年，惠更斯委托伦勃朗绘制一系列有关基督受难的作品（图27,《基督落架图》)。鲁本斯绘制的同系列作品曾受到惠更斯和总督的推崇，伦勃朗从复制的作品中也应有所耳闻，但他仍然将这幅作品绘制得更加富有人性，给人带来的感觉也很痛苦，而不是像鲁本斯那样，表达的是崇高的精神。伦勃朗通过插入自己的自画像，还为画面增添了强烈的个人情感，在《升上十字架》中他是受折磨的人，在《基督落架图》中，他是富有同情心的追随者。

1636年，伦勃朗写信给惠更斯，告知他正在为弗雷德里克·亨德里克创作另外三幅与殉难相同格式的画作：一幅是《埋葬》(*Entombment*)，一幅是《复活》(*Resurrection*)，还有一幅是《升天》(*Ascension*)，三幅作品都是在1636年完成的，并在当年寄送给惠更斯。第三封信是在1639年写的，当时最后两幅作品终于送出了。在那封信中，伦勃朗特别指出，他的目标是传达“最伟大且最自然的情感/或动作”。这位艺术家还向惠更斯赠送了一份礼物，是一张“十英尺长、八英尺高”的巨作（已被鉴定为法兰克福的《刺瞎参孙》(*Blinding of Samson*，图40)。

之后在1639年他又写了一封信，要求增加佣金，对于最近完成的两幅作品来说，每一幅都“不能少于一千荷兰盾”，这也表明伦勃朗对惠更斯以及对总督的间接影响开始变得越来越大。为了完成这个故事，在弗雷德里克·亨德里克去世前一年，他为伦勃朗绘制的两幅关于圣婴而不是殉难的作品支付了2 400荷兰盾。一幅作品叫《对牧羊人的崇拜》（*Adoration of the Shepherds*，1646），一幅作品叫《割礼》（*Circumcision*，已丢失），但没有其他证据能够表明伦勃朗与惠更斯或者总督之间有过联系。

有一点或许值得注意，尽管他最初对阿米尼乌派教徒或抗议派持开放态度（部分原因是没有强制禁止他们的祷告聚会），但这种程度的宽容是短暂的。1633年，就是伦勃朗两幅殉难主题的画作被送往海牙的那一年——总督坚定地站在了作战派和他们的同行者——反抗议派的一侧。伴随着权力的加大和集中，他对宗教的态度也发生了转变，在正统加尔文主义者的影响下，他对宗教艺术的兴趣或许也大打折扣。1635年，弗雷德里克·亨德里克甚至不让鲁本斯入境，并加强了与法国的军事联系，与天主教西班牙和南荷兰的和平谈判已经不在他的考虑范围之内了。此外，总督对自己的住所进行了更多的投资，特别是洪塞拉尔堤防住宅（1638年完工）以及赖斯维克的诺伊堡（1634—

1638 年）和海牙的努尔登堡。花园和由霍索斯特设计的昂贵的挂毯成为主要的艺术支出。

1639 年，伦勃朗本想把他那幅十英尺长、八英尺高（2.05 米 ×2.72 米）的《刺瞎参孙》（1636，图 40）寄给惠更斯，这是一幅为了吸引鲁本斯那幅《美杜莎》的崇拜者的作品。《旧约》中的场景（《士师记》16：19—21）是这位英雄人物背叛行为的高潮，他的力量来源于他未修剪过的头发，以及他浓密的胡须。女妖黛利拉出现在画作正上

图 40　《刺瞎参孙》（*Blinding of Samson*），布面油画，创作于 1636 年

方，手里拿着剪刀和剪掉的参孙的毛发仓皇而逃。她瞪大了眼睛，朝后下方看着，看着她的诡计得逞的结果。四个全副武装的菲利士人压着参孙的手臂，其中一个残忍地刺瞎了他的眼睛好让他看不见，鲜血喷涌而出。在这幅作品中，伦勃朗竭尽了全力，在绘制帐篷口的一个攻击者时，他通过强烈的明暗对比，描绘出了这位攻击者的形象，他对盔甲、链条甚至是画布边缘一个金色水壶的反光都进行了精心的描绘。画中的器皿和地板上的奢华地毯，展示出了早期的奢华享受，容器中的酒更说明了这一点。

很多特征——带有夸张手势的动态动作和对光线以及纹理的细致关注——都出现在《伯沙撒的盛宴》（图 28）那幅作品中，那是另外一幅篇幅巨大并与《圣经》有关的早期作品，因此伦勃朗很可能一直在向惠更斯、他早期的崇拜者以及潜在的王室拥护者介绍着自己最新的技能。他的这位大英雄似乎也是在回应鲁本斯的作品，就像他那幅赤裸的《普罗米修斯》（*Prometheus*，约创作于 1611—1612 年），这幅作品是根据古代雕塑，特别是罗马的拉奥孔（Laocoön）绘制出来的。但伦勃朗展示的是一个明显更为普通的身体，有些笨拙而非健硕，脸上的皮肤也很粗糙。卡拉瓦乔的间接影响可能再一次加强了这位英雄普通的一面和他在承受巨大痛苦时肉体上的反应，从他紧咬的牙齿、紧攥的拳头甚至是只有黛利拉才能看见的紧绷的脚趾就能看出来。伦勃朗一定是想要强调这种恐怖以及他对光线和细节的处理，他在1639年给惠更斯的一封信中建议收件人“把这幅作品挂在光线强烈的地方，这样观众即使站在远处，也能看到画作闪闪发光”。

在另外一幅可能对更有经验的观众具有特殊意义的大型作品中，伦勃朗呈现了一个和以往不一样的伽倪墨得斯（1635，图41）。通常这个神话故事是被艺术家这样呈现的：一个俊美的特洛伊少年被朱庇特的老鹰抓住了，老鹰把他带到了奥林匹斯山，成为为众神倒酒的人。由鲁本斯和意大利几位主要的文艺复兴画家绘制的画作成为这一主题的主要展现形式。然后，基督徒们把这个异教徒的神话故事解释为众神对灵魂的喜爱，并故意忽略了它更为明显的同性恋指向，因此，展现这个神话故事的另一种方法就是把年轻的伽倪墨得斯变成一个迷人的小天使，就像当代那些关于爱的书中描绘的那样。1634年，伦勃朗绘制了一幅画，叫作《吹肥皂泡的丘比特》（*Cupid Blowing a Soap Buddle*，由扬·范·凡利特制作成蚀刻画），画作结合了稍纵即逝的瓦尼塔斯（Vanitas）主题和充满爱心的年轻弓箭手，就像丹尼尔·海因修斯（Daniel Heinsius）的标志（“爱是泡沫”）。卡雷尔·范·曼德（Karel van Mander）在1604年对奥维德

图 41 《伽倪墨得斯》（*Ganymede*），布面油画，创作于 1635 年

的解读强调，伽倪墨得斯“代表了被充满堕落情欲的身体所污染最少的人类灵魂”。但范·曼德接着表明，伽倪墨得斯后来被变成了水瓶座，这可能和他倾倒的液体有关，有些学者也沿着这条线进行了研究，看到了这幅画的学术价值，尽管它描绘的是不守规矩的行为。

然而，伦勃朗不仅仅将这位美少年变成了一个小天使，还改变了他的行为，把他展示成一个哇哇叫的婴儿，被一只大鸟（这只大鸟更像是秃鹫而不是雄鹰）抓了起来带到天空中，都吓尿了。这只大鸟就像鲁本斯绘制的折磨普罗米修斯的那只——由动物专家弗兰斯·斯奈德斯（Frans Snyders）绘制。在这幅画中，伦勃朗也可能是特别参照了一个最近在荷兰出现的新形象——由布鲁塞尔的杰罗姆·杜奎斯诺瓦（Jérôme Duquesnoy）设计的著名雕塑撒尿小童，但像往常一样，他用婴儿的啼哭、撒尿的动作还有婴儿胖乎乎的屁股削弱了这一人物以往带给人的端庄和吸引。此外，在用孩童形象展示伽倪墨得斯时，就像伦勃朗的学生尼古拉斯·梅斯在 17 世纪 70 年代绘制的那些肖像画中那样，所有的孩童形象都是通过婴儿来展示的，例如《作为伽倪墨得斯的乔治·德·维克》（*George de Vicqas Ganymede*）。

为了画中的人物，伦勃朗还进行了一次罕见的前期研究，在那段时期，他还创作了一幅油画（《顽皮的男孩》（*The Naughty Boy*，约创作于 1635 年）和一幅蚀刻画《做薄饼的妇人》（*Pancake Woman*，创作于 1635 年），他对活泼的婴儿形象进行了仔细的研究。还应该指出的是，伦勃朗在描绘人体的时候非常从容自然，就像他在 1631 年完成的两幅蚀刻画作品《撒尿的男人》（*Man Pissing*）和《撒尿的女人》（*Woman Pissing*）那样。相对于早期描绘的喜庆场景——彼得·布吕赫尔（Pieter Bruegel）描绘的农民跳舞的场景来说，这种行为的描绘通常都是非主流的。大约在 1635 年至 1638 年，鲁本斯在创作《露天集市》（*kermis*）时，曾模仿过这幅作品。

《伽倪墨得斯》这幅作品尺寸巨大，创作时采用的是仰视视角，这也注定这幅画需要被放置在大客厅的壁炉架上，以表明这幅画不仅仅是对这个神话人物通常在人前所展示的高雅形象的模仿。这个主题还给天花板上的画作提供了装饰，包括总督在洪塞拉尔堤防住宅的拱顶。据英国日记作家约翰·伊夫林（John Evelyn）在 1640 年提出的观点，这项任务很可能是由彼得·德·格雷伯在 1638 年委托的。之后霍索斯特绘制豪斯登堡的拱顶时，他将《弗雷德里克·亨德里克与阿梅利亚·范·索尔姆斯的婚姻》（*Marriage of Frederik Hendrik with Amalia van Solms*）也画在了拱顶上。显然，神话故事在这里要传达的是神圣的爱情。伦勃朗绘制的婴儿手里拿着樱桃，在宗教画作中可以看到这种水果的存在，象征着天堂的欢乐，但在这幅作品中，我们无法将伽倪墨得斯和神圣的爱情联系在一起，很可能是因为观众对樱桃的理解，就像某些家庭肖像画中的葡萄藤。从字面上来说，葡萄意味着家庭继承人所取得的丰功伟绩。

最近，芭芭拉·盖滕斯（Barbara Gaeghtens）在一篇未发表的文章中提出伦勃朗的《伽倪墨得斯》引用的可能是另一个关于统治者的古老神话，他们要接受“雄鹰测试”，老鹰会把他们带向高空和明媚的太阳，来检测他们的力量和勇气。还有一幅作品描绘的是婴儿样子的伽倪墨得斯骑在老鹰的背上，而不是被猛禽抓起来的婴儿。伦勃朗绘制的这个婴儿，是被老鹰抓在爪子里，不情愿地被拖上了天空，还吓得哇哇大叫并且尿了出来，他的雄鹰测试很显然是失败的。婴儿的衬衣被老鹰抓了起来，上边还有一条原本无法解释的缨绳，现在可以将他视为将军们在战场上佩戴的腰带，或者是王子们作为指挥官的地位象征。后者可参考大约在 1625 年由米歇尔·范·梅耶维尔德（Michiel van Miereveld）绘制的拿骚的莫里斯总督的肖像画，画中他穿着盔甲，戴着同颜色的腰带。然而这种对比其实更像是讽刺，婴儿的恐惧明显削弱了它所引申的意义。就时间而言，如果这幅画指的是荷兰年轻的王子、总督的儿子威廉二世（William II，生于 1626 年），他也比这幅画中的婴儿年长许多。年轻的威廉二世在新的奥兰治王朝策略中提出了提前执政的要求，部分原因要归结于他有利的婚姻联盟——1641 年，他娶了英国国王的女儿玛丽·斯图尔特为妻。1650 年他突然去世，荷兰也进入了一个混乱的“无总督”时期。伦勃朗绘制的没有通过雄鹰测试的《伽倪墨得斯》可能是在间接批评这位年轻的继承人，当时他只有十岁，和诸多表示庆贺的肖像画形成了鲜明对比。这些画作包括范·戴克在 1631 年创作的穿长裙的孩童，还有霍索斯特在 1640 年创作的穿着罗马盔甲的少年，以及范·戴克在 1641 年绘制的一幅双人肖像画，描绘的是他的婚礼。如果这种假设的批评是正确的，那么伦勃朗就是在为一位成熟又精明的观众绘制的《伽倪墨得斯》，这位观众很可能是阿姆斯特丹的一位贵族，他的观点更加自由，并不赞同王室和城市之间的派系斗争。

另外一个能够记录伦勃朗对皇室摇摆不定的态度的画作是一幅小素描，也许是一个从未公之于众的具有政治色彩的版画模型，叫作《国家的和谐》（*Concord of the State*，约创作于 1640 年，图 42）。1656 年，伦勃朗的个人收藏被列入破产清单时，这幅作品也在其中。这幅作品中有很多人物，包括许多军事人物，他们中的很多人都穿着盔甲骑在马背上，将一只在一堆木棍上休息的拴着链子的狮子围在了中间，这只狮子可能就是“比利时雄狮”，是从前的地图上团结奋进的荷兰的象征。画作难以理解的问题在于它究竟代表的是一种理想的政治形势还是一篇关于荷兰政

图 42 《国家的和谐》（*Concord of the State*），木板油画，约创作于1640 年

治现状的“社论”。关于这幅画的创作日期还有很多不确定的因素，右下角有一个小长条，上面写着“伦勃朗 . f. 164-”，画家的这个签名和日期究竟代表了什么尚无定论。17 世纪 30 年代末期，荷兰人在其领土上开展的反对西班牙人的运动进展得很顺利。1625 年，西班牙人攻占了布雷达市（十年后委拉兹开斯用那幅著名的画作对荷兰向马德里布埃尔雷蒂罗宫的投降举行了庆祝），但在 1637 年，荷兰人重新夺回了这座城市。然而很多荷兰的主要城市，在阿姆斯特丹的带领下，都反对高昂的战争支出，支持自由贸易，因此他们与弗雷德里克 · 亨德里克和作战派之间爆发了冲突。

很明显地，画中这只戴着镣铐的狮子象征着荷兰人对这个即将成为荷兰的国家的征服。它的鬃毛被修剪过，是那种很典型的比利时雄狮的样子，它的力量和凶猛都不复存在，就像参孙一样，十分虚弱。它所栖身的那捆木棍象征着作为一个整体的各个联合省，受其保护，但并不像捆绑在一起的木棍那样，所有的力量也都集中在一起。在左侧的地平线上，敌人的军队出现在了阴暗的天空下。而在画面左边一个高大的柱子上，挂着一份印有五个印章的文件，能够充分证明这是 1579 年的“乌得勒支联盟”，该联盟最终将五个省份变成了统一的荷兰共和国。文件下方的宝箱代表了繁荣，也意味着在袭击中面临的风险。在角落里一个无人的宝座后面，被蒙住眼睛的司法人员靠在她的剑上，拴着狮子的一条链子也出现在那个角落。狮子身后有很多连在一起的盾徽，最大的一个是绘有阿姆斯特丹市三个 X 标志的盾牌。附近也能看见来自哈勒姆和莱顿的武器，明亮的光线落在画面中心，上面用拉丁语写着铭文“荣耀归神”。因此，在事关国家存亡的危机时刻，人们还是要仰仗众神的庇护。山顶上有一根枯萎的树干，但它脚下却有一段新长出来的绿色的根茎。

他们的防御是不确定的。大多数士兵都聚在那个明亮的小山丘的右侧，和阿姆斯特丹盾徽在一起。右侧地平线上的众多人物就像 1642 年那幅民兵组织肖像画《夜巡》里的长矛和火枪一样。领导他们的是一个骑在马背上的全副武装的骑士，他的右前方是一根长矛，像是中世纪末战争中的人物，还有一个就是这位骑士身后拿着旗帜的人。还有一个和主力部队分开了的骑士，在狮子上方朝敌军走去，他的马两只前蹄高高扬起，这仍然是这个世纪绘制马匹的一个标准。

画作中的每个指挥官都各不相同，识别他们的身份也削弱了这幅画作的引申意义。事实上，画面的含糊不清也表明了画家故意在这里想要传达的隐晦含义。这几个联合在一起的城市既可以被视为联合省的核心，也可以被当成无可救药的无序来源。相比之下，军队也可以通过两种方式来解读——要么是为了拯救国家，要么就是作为一个过时的、无能为力的、只是为了适应现代条件的领导机构，比如城市里那些已经去实用性的民兵组织。连那棵树的含义都是模棱两可的。作为奥兰治家族的象征，它可以被解读为家族的落寞或由继承人带来的新生。画作的真实日期尚未确定，城市与王室之间的争议，和平派与作战派之间的分歧，以及是否支持荷兰参与貌似无休止的八十年战争（现在是欧洲三十年战争的一部分）都没有实际意义。和许多学者一样，布拉姆·克姆佩斯（Bram Kempers）将这幅作品解读为伦勃朗对总督和王室的支持。与法国结盟后，城市和整个国家都需要一支武装力量来保护自己，伦勃朗在画作中表达了他对类似需求的同情，以此作为他争取王室赞助的最后的努力。克姆佩斯同时指出，这幅作品将荷兰社会描绘成了“一个分裂的后封建社会，而不是早期充满官员和商人的和平资本主义世界”，他也把这幅画作当成对统一的召唤。即使从题目来看，《国家的和谐》（1656 年的现场清查清单上这幅作品的编号为 106，放置在后面一间房间内）也具有讽刺意味，强调了有关战争的政治分歧，特别是在伦勃朗所在的阿姆斯特丹，在画中，阿姆斯特丹的军队出现在了象征着奥兰治家族的枯萎树干下，非常显眼。但它也有着积极的意义，那就是将军队凝聚在一起，让他们要像画中占据如此重要部分的部队一样。

弗雷德里克·亨德里克曾热情高涨地修建过很多建筑，他曾让惠更斯来监督工程的进展，但随着时间的推移，很多建筑都消失了。这些主要建筑的设计者是一位名叫雅各布·范·坎彭（1595—1657）的画家兼建筑师，他还为惠更斯设计了他自己的房子（1633 年，图纸已丢失）。范·坎彭对最新的意大利建筑词汇的理解程度可以通过海牙的联排别墅判断出来，这座别墅是为奥兰治总督的堂兄——拿骚 - 锡根的王子约翰·莫里斯建造的，在占领巴西殖民地期间（从 1637 年到 1644 年），后者曾短暂摄政。那座房子（如今是呈现荷兰艺术的一个重要博物馆）仍然被称为莫里斯之家（图 43）。房子坐落在王宫池塘的一角，旁边是历史悠久的荷兰国会，它犹如总督的奥兰治王宫里神经中枢旁的一块基石，屹立在那里。

房子比例优雅，与矗立在基底上的巨大的壁柱一起，凸显了莫里斯之家的立体感。陡峭的屋顶体现了当代法国建筑的特点，古典主义色彩在外墙上得到了展现，墙壁顶部还雕刻了山形墙。房子内部围绕着中央的一座大楼梯成几何状对称布局，很符合安德烈亚·帕拉迪奥

（Andrea Palladio，1570）以及文森诺·斯卡莫齐（Vincenzo Scamozzi，1615）发表的关于意大利别墅的设计理念，很可能也非常契合鲁本斯 1622 年出版的书《热那亚宫殿》。楼上正中间是一间净高很高的房间，上面有一个拱形天花板，一个方形的冲天炉从中穿过，这个新颖的开放式设计源于意大利，到了 17 世纪，法国也开始采用这种建筑方式。1704 年的一场大火烧毁了房子里大部分的东西，有些布局也发生了改变。实际上，范·坎彭的冲天炉设计取代

图 43　雅各布·范·坎彭和彼得·波斯特　莫里斯之家，海牙，修建于 1633—1644 年

了天花板上原来的画作，1622 年，霍索斯特曾在天花板上绘制过一些人物，如向上仰望的音乐家。这个空间很可能也是放置约翰 · 莫里斯的画作和物品的地方，藏有不少他从巴西带回来的收藏品。

如果说伦勃朗在 17 世纪 30 年代末期失去了惠更斯及总督的青睐，那么十年之后王宫的发展就可以清楚地表明他离他们日益古典的品位相距有多远。在海牙的一个重要的新任务是修建一座专用的建筑，也就是豪斯登堡（森林中的房子）。这是一个由彼得 · 波斯特（Pieter Post）为阿梅利亚 · 范 · 索尔姆斯设计的“郊区别墅”，1645 年开始施工。彼得 · 波斯特是范 · 坎彭在海牙的莫里斯之家项目、奴尔登堡项目甚至是之后的阿姆斯特丹市政厅项目的首席助理。豪斯登堡的设计很简单，就是一个砖砌建筑，中间有一个巨大的十字形圆顶大厅。原型还是来源于意大利，包括十字形的中心空间和顶部的八角形圆顶。主房间的窗格上绘制了一整套作品，以纪念弗雷德里克 · 亨德里克（死于 1647 年），包括范 · 坎彭本人亲自绘制的画作，尽管他主要负责监督这些装饰品的完成。装饰豪斯登堡的大厅——奥兰杰扎尔（Oranjezaal）的任务分配给了一众画家，他们由雅各布 · 乔登斯（Jacob Jordaens）以及鲁本斯的其他佛兰德追随者带领，包括特奥多尔 · 范 · 图尔登（Theodoor van Thulden)、彼得·苏特曼(Pieter Soutman)以及托马斯·威勒伯茨·博沙尔特(Thomas Willeboirts Bosschaert)等。1640年鲁本斯去世后，乔登斯成为安特卫普主要的艺术家。还有九位荷兰艺术家也参与了项目，只不过佣金较少。

奥兰扎杰尔大部分画作的主题都与神话人物有关，作为总督的化身，它们传达的意义都很积极。除了范·坎彭的画作——《阿波罗与奥罗拉》(*Apollo and Aurora*),《马背上像战士一样的弗雷德里克·亨德里克》(*Frederik Hendrik as Warrior on Horseback*)，还有凯撒·范·埃弗丁恩(Cesar Boëtius van Everdingen)的作品——《四个缪斯与波伽索斯》(*Four Muses and Pegasus*),《弗雷德里克·亨德里克的诞生》(*Birth of Frederik Hendrik*),《奥林匹亚众神与伽倪墨得斯的婚姻》(*Allegery Marriage with Olympian Gods and Ganymede*)以及来自哈勒姆的知名古典主义画家彼得·德·格雷伯(Pieter de Grebber)的作品——《弗雷德里克·亨德里克的神化》(*The Apotheosis of Frederik* Hendrik)和所罗门·德·布雷(Salomon de Bray)的作品(《凯旋门》(*Triumphal Arches*)。深受王室喜欢的霍索斯特绘制了很多凸显人物形象的场景:《弗雷德里克·亨德里克和阿梅利亚·范·索尔姆斯的婚姻》(*Marriage of Fredrik Hendrik and Amalia van Solms*)、《坚定不移的弗雷德里克·亨德里克》(*Steadfastness of Frederik* Hendrik）以及《阿梅利亚·范·索尔姆斯和她的女儿》(*Amalia van Solms and Her Daughters*)。他们就好像凯旋门两侧的旁观者。作为埃弗丁恩的补充，一个小任务——《第五个缪斯》(*Five Muses*)被指派给了惠更斯之前最喜欢的扬·利文斯，画家采用了经典的佛兰德手法进行绘制。伦勃朗没能参与到这个项目中来。

乔登斯为大厅绘制了一幅叫作《时间的胜利》(*Friumph of Time*）的画作，被挂在了正中间，周围一圈是其他用来装饰的画作，特别是拱门下作为观察者被挂在两边的画作：《弗雷德里克·亨德里克的胜利》(*The Triumph of Frederik Hendrik*，画上有签名，日期显示的是1652年)。为了准备这个艰巨的任务，乔登斯绘制了一系列油画草图，就像鲁本斯一样，一是为了得到他的赞助人以及他工作室助理的认可，二是为了让范·坎彭能与其他参与室内装饰布局的艺术家进行协调。项目接近尾声的时候，还有一个巨大的模型被送到了惠更斯手上（1651，图44)，和这个模型一起的还有一封信，上面记载了对画中形象的讨论，另外两幅草图保留了下来。在信件中，乔登斯说，为了实现更高的相似度，他将运用霍索斯特绘制的一幅关于弗雷德里克·亨德里克的肖像画作为原型。

乔登斯将已故的总督当成了整幅作品的焦点。弗雷德里克·亨德里克出现在了画面的正上方，他坐在一辆由四匹白马牵着的战车的镀金宝座上，就像一个罗马皇帝一样派头十足。他还像征服了一切的英雄一样，即将通过一座巨大的凯旋门，两侧是身着盔甲的“沉默者”威廉和莫

图 44　雅各布·乔登斯（Jacob Jordaens）《弗雷德里克·亨德里克的胜利》（*The Triumph of Frederik Hendrik*），布面油画，创作于 1651 年

里斯的雕像，是在他之前担任过总督的人物。他的身后是挥着翅膀的尼基（代表胜利），他把象征着征服的月桂花环放在了自己头上，手里还拿着给他的继任者准备的另一顶。那个人就是他的儿子和继承人威廉二世（1650年英年早逝），他出现在弗雷德里克·亨德里克的正下方，穿着盔甲，骑在马背上。马的前蹄再一次扬起，显示出他作为骑手和军事指挥官的高超技艺。在弗雷德里克·亨德里克头上徘徊的还有一个象征着名望的带翅膀的人物，她吹着号角，和平女神艾琳则拿着一根棕榈枝和一只很大的角。油画上方金色光芒中裸露的人物以及自由七艺的出现象征着在弗雷德里克·亨德里克的统治下，艺术蓬勃发展。与此同时，奥林匹斯众神则在前方引导着战车：海神尼普顿拿着他的三叉戟坐在了总督下面，表明他对强大的荷兰海军的领导；而代表商业和情报的水神墨丘利以及拿着沙漏的柯罗诺斯则分别骑在另外两匹白马上。在战车旁，智慧女神密涅瓦身着盔甲指引着远方的骏马，而健康女神海吉亚则出现在前景中。军队跟着战车，战车前有两只强壮的狮子，还有一群来自不同性别不同年龄的忠诚的簇拥者，他们手里挥舞着象征着和平的棕榈枝。可能是在范·坎彭的建议下，乔登斯在最后的作品中改变了部分细节，并将入口转向了一条更为宽阔的正面通道，同时还增加了许多人物。

因此，豪斯登堡里充满了鲁本斯的作品，特别是以神话人物为题材的晚期作品，比如 1635 年他为荷兰南部摄政官红衣主教费迪南德设计的《安特卫普胜利》。伦勃朗对这个题材没有什么贡献，《国家的和谐》也只是最为接近的一幅作品。哪怕是在奥兰治家族委派的任务上，荷兰人还是更倾向于用词汇来展现自然主义。就如霍索斯特一幅没有标明日期的作品（创作于 1630—1635 年），画中的主人公是阿尔泰米西娅，她是古时已婚妇女的道德典范，她曾为已故的丈夫摩索拉斯（卒于公元前 352 年）修建了著名的摩索拉斯陵墓，后来成为古代世界七大奇迹之一。根据瓦莱里乌斯 · 马克西姆斯（Valerius Maximus）记录的传说，这个痛失爱人的女人戴着黑色的面纱以表哀悼，手里拿着一个高脚杯，里面是她丈夫火化后的骨灰。在伦勃朗和奥兰治家族往来期间，他于 1634 年为一位不知名的赞助者绘制了一幅半身的阿尔泰米西娅。霍索斯特的作品可能要比伦勃朗创作得早，很可能是给冬王的遗孀、来自波希米亚的伊丽莎白创作的，但在豪斯登堡早期的一份库存清单中，这幅作品被记录成壁炉架上的一幅作品。

1633 年左右，阿梅利亚 · 范 · 索尔姆斯曾委托伦勃朗最亲近的学生格瓦特 · 弗林克为她自己的寡居生活绘制一幅作品，弗林克很快就接替伦勃朗成为尤伦堡工作室的主人。在为王室绘制完这幅作品后，弗林克，“文化艺术家的缩影”也成为装饰阿姆斯特丹市政厅的一名主要画家，但他因为不幸早逝，不得不退出了这个项目。伦勃朗的宗教作品和这幅《哀悼丈夫弗雷德里克·亨德里克的阿梅利亚·范·索尔姆斯》（*Amalia van Solms Mourning for Her Husband*，*Frederik Hendrik*，1654，图 45）中的情感形成了鲜明对比。阿梅利亚被绘制成了一位虔诚的寡妇，她穿着一身黑坐在她已故丈夫的坟墓前，坟墓经过精心雕刻，装饰着代表正义和坚韧的人物雕像。她的腿上有一本翻开的书，大概记录的是她丈夫的历史成就和作为统治者取得的胜利。她的身旁还有一位头戴桂冠、手拿象征着和平的棕榈枝的年轻女子（为了纪念最近签署的《威斯特伐利亚和平条约》），阿梅利亚看着跪在她面前的那位年轻女子，这个造型就像圣母玛丽亚和报喜的天使，女子手里拿着一个具有象征意义的锚，代表了希望（就像彼得·布鲁盖尔绘制的神话人物那样）。她还拿着一根橙色的枝条，象征着刚刚出生的奥兰治家族年轻的继承人和未来的总督——威廉三世。在他父亲威廉二世突然去世后，他降生了。在画面的左边，一个天使冲了进来，她告知众人左上角的乌云就要分开，上帝之光要照射下来，预示着新的统治者将会励精图治，创造更美好的未来。最后，一只浴火重生的凤

图 45　格瓦特 · 弗林克（Govert Flinck）《哀悼丈夫弗雷德里克 · 亨德里克的阿梅利亚 · 范 · 索尔姆斯》（*Amalia van Solms Mourning for Her Husband，Frederik Hendrik*），布面油画，创作于 1654 年

凰出现在了画面中间较远的地方，这表示奥兰治家族将会东山再起。1658 年，伦勃朗创作了一幅名为《凤凰》（*The Phoenix*）的蚀刻画，可能在表达他对奥兰治家族的同情，这种情感在《国家的和谐》中也有所体现，只是更加隐晦。

弗林克的作品本来是用于装饰豪斯登堡私人画廊的，彼得·波斯特在画廊里加入了几根科林斯式壁柱。弗里克的画挂在维勒博尔特斯·博斯查多特（Willeboirts Bosschaert）的两幅作品对面，一幅是《报喜》（*Annunciation*），还有一幅是和丹尼尔·希格斯（Daniel Seghers）共同创作的《戴着花环的圣母玛丽亚》（*Madonna in a flower Garland*，画中还有橙子）。关于另外六种美德的绘画装饰了大门，但“希望”与阿梅利亚·范·索尔姆斯和国家放在了一起，国家最后也实现了政治上的独立。这张宫廷画作再一次借鉴了鲁本斯的作品，特别是他致敬丧偶的法国女王玛丽·德·美第奇之作（创作于 1622—1625 年，现收藏于卢浮宫），在这幅作品中，他将夫妻二人的形象与神话人物结合到了一起。和鲁本斯的一系列作品一样，弗林克的这幅画传达的是一种乐观主义，因为当时正是荷兰历史上的“无总督”时期。

1648 年，荷兰开始修建新的市政厅，弗里克和雅各布·范·坎彭的事业也因为这个项目而到达了巅峰，新的市政厅成为真正意义上的“公众的宫殿”。1654 年，范·坎彭撤出了项目，彼得·波斯特和城市建筑师丹尼尔·斯塔尔帕尔特（Daniel Stalpaert）接手了他负责的部分。他们共同创造了欧洲最宏伟的建筑之一，被同时代人誉为“世界第八大奇迹”。中央的公民大厅一共有两层楼高，对称的两座庭院周围有几排宽敞的房间，走廊从大厅一直延伸到各个房间。地下室有一所监狱和一个审判大厅，用于公开宣判死刑。与其他 17 世纪的经典建筑一样，阿姆斯特丹市政厅在面向水坝广场的主墙和背面都装饰了巨大的山形墙。整个建筑是由巨大的科林斯壁柱支撑起来的，角落里还有几个凸出来的小亭子。建筑的最上方是一个高大的冲天炉，这可以让建筑看上去不至于杂乱无章。

建筑内部需要一些恰到好处的具有纪念意义的经典雕塑来装饰。佛兰德大师们创作了一批奢华的作品，特卫普的阿图斯·奎里内斯的佛兰德工作室引领这一切，奎里内斯曾在罗马工作过。他对内部房间进行了装饰，审判庭内的所罗门的浮雕还有表现正义与审慎这两种美德的意味。他还设计了山形墙，前面的海神正在向阿姆斯特丹致敬，后面是给阿姆斯特丹带来各种各样的物品的四大洲。巨大的阿尔拉斯大理石雕像出现在山墙上，伸开的手臂盖住了公民大厅的门楣，另外一个铜质的雕塑出现在了后边。

通过各个房间里的装饰画，我们能看到阿姆斯特丹市政厅是怎么用《旧约》里的《圣经》主题在荷兰和被选定的人物之间建立起鼓舞人心的联系的。就像市议员的议事厅里那幅《拿着法典的摩西》(图18)，它是由伦勃朗另一位学生费迪南德·波尔(Ferdinand Bol)在1659年创作的。在另外一间会议室里，弗林克绘制了一幅类似主题的作品——《所罗门祈祷智慧》(*Solomon's Prayer for Wisdom*，1659)，他像乔登斯一样，也绘制了一幅油画素描。在主教面前，以色列最聪明的君王跪拜在祭坛前，向上帝祈祷，也请求上帝告诉他如何做好一名统治者（《列王记》上3：9)。弗林克通过智慧的化身传达了上帝对祈祷者的回应，化身盘旋在云层上，身边围绕着一群小天使。还有许多演奏着各种乐器的天使，在画面正上方从天而降。和波尔的画一样经典的还有荷兰当时著名诗人约斯特·范·登·冯德尔(Joost van den Vondel)以及扬·沃斯(Jan Vos)创作的诗歌，他们也描述了同一个《圣经》中的场景。

伦勃朗对市政厅的装饰所做出的一个贡献是他那幅巨大的布面油画《克劳狄乌斯·西维利斯的誓言》(1661，见图19)，市民厅周围有许多画廊，这幅画是用来填充画廊尽头半圆壁的。但出于某些原因，这幅画没能被放置在那里，最终也被处理掉了一些部分，好让这幅画能留在市政厅。市政厅计划在半圆壁上放置一幅关于荷兰人民早期反抗——巴达维亚人反抗罗马军团的画作，就像塔西佗在《历史》中叙述的那样。伦勃朗将民族英雄绘制成了一个半盲的人物，看上去朴实无华，这本身就足以让伦勃朗的画作被拒绝掉，但玛格丽特·卡罗尔（Margaret Carroll）认为，伦勃朗的政治观点很可能是更主要的原因。在这种情况下，他会让当地的公民领袖感到不安，因为他站在了阿姆斯特丹支持奥兰治家族的队伍里。伦勃朗的这幅画对克劳狄乌斯·西维利斯似乎有些贬斥，画作被拒可能和画家与德·格拉夫家族之间持续的紧张关系有关，其中就包括市长科内利斯。后者制定了绘制新巴达维亚主题画作的计划，并且让阿姆斯特丹的奥兰治家族支持者更加认同他的政治观点，从巴达维亚祖先的身上，他也看到独立战争终将爆发。在那个时候，弗林克是绘制这类画作的最佳人选。在冯德尔关于这个主题的诗歌中，他对古代的共和主义仪式做了一个非常夸张的描述，内容如下：

在这里，在西维利斯身上，你能看到奥兰治家族的伟大。

他宣誓加入了联盟，共同对抗罗马。

威廉穿着他的盔甲，顽强抵抗西班牙。

自由曾消失了很长一段时间，现在终于可以再次得到它了。

格拉夫的兄弟安德里斯也支持扬·利文斯和雅各布·乔登斯，他希望他们俩能代替弗林克来完成现在的任务。利文斯确实绘制一幅相关主题的作品——《在盾牌上站起来的布里诺》(*Brinio Raised on a Shield*，1661 年)，描绘的是人们为巴达维亚起义的英雄领导欢呼的场景，但他向我们展示的是由人民而非高贵的血统选出来的领导人。这个场景和伦勃朗的《誓言》最初都是由弗林克在 1660 年 2 月去世前勾勒出来的。

但就像《国家的和谐》一样，伦勃朗的《誓言》似乎包含了关于荷兰起义的两个观点。他虽然展示了宣誓的严肃性，也把西维利斯绘制成了一个头戴王冠的皇室形象，并且放在了画作中间，但他在描绘西维利斯的面部时，采用的是他后期绘制作品的一种风格，人物看上去并不像个英雄，还有些残酷，线条看起来很粗糙也很简单。因此，伦勃朗似乎违背了大家对这个主题的尊重，也难怪他所绘制的这幅《誓言》会遭到所有派别的一致否决。

1662 年，政治潮流已经完全转变，城市和宫廷之间的矛盾再一次激化，因此从公民的角度来看，伦勃朗的《西维利斯》太过于亲近奥兰治家族，甚至被看成保皇派的化身。因此弗林克的学生尤尔根·欧文斯（Jürgen Ovens）代替伦勃朗绘制了另外一幅作品，很可能就是在弗林克原来的设计上进行的绘制。他在桌子周围添加了许多人物，将身穿罗马盔甲的西维利斯放在了画面的最右侧，在一轮新月下指着天空，看上去很普通，也不再是画作的焦点。这位巴达维亚的领袖现在仅仅是公众的代言人了。

几年之后，伦勃朗就重新开始创作历史上人物的单独形象，一共有两幅作品，名为《卢克蕾提亚的自杀》（*The Suicide of Lucretia*，分别创作于1664年和1666年，图46）。这两幅画作的赞助人是谁我们并不知道，但我们能看出它们的先后顺序。在不同时期创作的两幅画中，每个女人都拿着一把用来自尽的刀。先绘制的这幅作品（如今在华盛顿）向人们展示了女主人公将刀子插进自己身体前极度痛苦的自我意识；而之后的这幅作品（现在在明尼阿波利斯）让我们看到了一个更冷静，也更会给人带来反思的女主人公，外衣上的血迹表明她已经完成了这一动作。这些晚期作品充分展示了使用调色刀厚涂颜料的各种技巧，特别是在绘制衣袖时，与面部和手部的精细分层形成了鲜明对比。戏剧性的灯光和明暗对比也凸显了人物的内心世界。这种在黑暗背景下对人物姿势和面部表情着重刻画的单人半身像让我们想起了卡拉瓦乔和他的乌得勒支追随者（如霍索斯特和特·布鲁根）的作品。

图 46 《卢克蕾提亚的自杀》（*The Suicide of Lucretia*），布面油画，创作于 1666 年

故事源于古罗马历史。正如李维（Livy）[1]所述，卢克蕾提亚因其美德和忠诚而闻名，这也激起了塞克斯图斯·塔克文（Sextus Tarquinius）的欲望，后者是公元前6世纪罗马暴君的儿子。他偷偷溜进了她的房间，并威胁说，如果她不屈服于他的话，他就会杀了她。他还做了一件更为可耻的事，他把自己的奴隶杀了，并且把尸体放在了她旁边，让她受尽了侮辱。卢克蕾提亚不得不屈服，但第二天她就把自己的父亲和丈夫叫了过来，把这件事告诉了他们，她在自杀前说道，她宁可死也不愿承受这份屈辱。意大利的画家曾对这一场景进行过描绘，如在拉斐尔之后由马坎托尼奥·拉蒙蒂（Marcantonio Raimondi）创作的一幅雕刻作品（创作于1511—1512年），在这些前辈之后，伦勃朗十分热衷描绘上述场景。但其他艺术家（如提香和丁托列托）更喜欢描绘强暴时的场景，还有些艺术家如德国的卢卡斯·克拉纳赫（Lucas Cranach）则把自杀当作了一个机会，通过描绘卢卡蕾提亚的美丽来吸引观众。和其他古罗马的道德典范维吉尼娅（Virginia）以及维图利娅（Veturia）或者克里利雅（Eloeli）一起，女主角也出现在《值得尊敬的女人》组图中，既有画出来的也有印制出来的。

---

① 李维（公元前59年—公元17年），古代罗马历史学家，一生著述丰富，但流传下来的只有《罗马自建城以来的历史》一书。——编者

李维这个故事的结局也引起了政治共鸣，因为卢克蕾提亚的自杀引发了其家人对塔尔昆王朝的报复，王朝的覆灭导致了罗马共和国的建立。这种推翻暴政的行为具有政治变革和重享自由的意义。荷兰的艺术家们也明白其中的重要性。在荷兰起义早期的紧张阶段，版画家亨德里克·高尔丘斯（Hendrick Goltzius）为这个故事创作了四幅作品（创作于1578—1580年），最后一幅作品展示的是卢克蕾提亚自杀时的场景，画面的远处还出现了正在聚集的军队。扬·沃斯曾为弗林克描绘的一幅关于卢克蕾提亚的画作写过一首诗，强调了同样的信息："在红色墨水中，她写下了自由的定义。"

为表达解放和自由而选择这样一个巨大的刺激性主题，伦勃朗可能只是在重复戈尔兹修斯（Goltzius）在他之前的印刷品中所表达的对独立的庆祝。但他要传达的信息到现在犹未可知：在这种情况下，自由是否加强了由阿姆斯特丹领导的大城市的自由贸易和公民独立，或者说自由是否激发了奥兰治一派的爱国精神？和在《国家的和谐》甚至是《克劳狄乌斯·西维利斯的誓言》中一样，我们能看出伦勃朗再一次与当时的政治和自由问题扯上了关系，尽管他一再声称他是奥兰治一派，他究竟属于哪一方仍是个未解之谜。

与此同时，许多学者在传记中找到了伦勃朗为什么会选择绘制卢克蕾提亚。他事实上的妻子亨德里克耶·斯托弗斯 1663 年死于瘟疫。1654 年，因为他们之间的关系，加尔文主义的长老们给她找了不少麻烦，她仍坚定不移地支持着伦勃朗，不论是从夫妻关系中还是在财务方面。在她与伦勃朗相处的最后十年里，她的这种支持肯定对画家描述这样一个古代美德的典范产生了影响。他所描绘的卢克蕾提亚在死亡时也穿着得体，这也是画家和他妻子悲惨命运的写照。伦勃朗是在斯托弗斯去世五年后去世的，去世前他绘制了很多动人的自画像，算是为他三十年自我表达画上了终点。

第 4 章

走近伦勃朗的内心世界

巴西东北部曾一贯为葡萄牙所有，但如前一章所述，在 17 世纪中前期（1630—1654），荷兰把这一地区占为己有，变成了自己的一个殖民地。1636 年，总督弗雷德里克 · 亨德里克的堂兄，来自拿骚 – 锡根的约翰 · 莫里斯伯爵（也就是莫里斯皇家美术馆的所有者）被任命为属地的统治者。直到 1644 年，约翰才卸任。在此期间，他一直负责管理荷兰西印度公司（成立于 1621 年）及其主要出口商品，也是当时欧洲最热销的食品之一：食糖。由于当地印第安劳动力紧缺，为了给甘蔗园配齐人手，约翰开始从非洲购买奴隶。沿着黄金海岸（主要是加纳现所在地），奴隶们很快就被源源不断地从前葡萄牙奴隶交易所运送到巴西。从那时起，荷兰人的奴隶交易一直持续到了 19 世纪。

除了在巴西建立新首都毛里茨城（Mauritsstad）外，约翰 · 莫里斯对调研这片新殖民地的环境、动物和植物尤为感兴趣。为此，他赞助了部分艺术家、科学家以及艺术科学家来和他一起开展调研。画家艾伯特·埃克霍特（Albert Eckhont，1607—1666）是这些受资助者的领头人。他曾对美洲印第安人各个部落和一部分非洲人做过研究，有真人大小的，有成对的，有单独的，还有按性别区分的。此外，他对无数有关珍奇动物和土著食品的画作和记录也做过研究。自然学家兼画家乔治·马克格拉夫（Georg Marcgraf）和医生维莱姆·皮索（Willem Piso）利用这些研究出版了图书《巴西自然志》（阿姆斯特丹，1648）。这本书的卷首插图即是埃克霍特的作品。一对赤身裸体的印第安当地人，侧身站在一片郁郁葱葱的热带景观之前，四周遍布奇珍异兽：食蚁兽、树懒、乌龟、猴子和鹦鹉。除此之外，卡斯帕·巴洛伊斯（Caspar Barlaeus）也在阿姆斯特丹出版了一本关于1647年荷属巴西的历史书，名为*Rerum per octennium in Brasilia*。马克格拉夫（Marcgraf）绘制的荷属巴西地图，显示了荷兰对这片殖民地的管控，之后也被送回阿姆斯特丹，并最终被汇编进入由约翰内斯·布劳创作的《大地图集》（阿姆斯特丹，1665）。

作为约翰·莫里斯最有影响力的画家之一，在他在巴西期间和他回到荷兰并在哈勒姆定居后的很长一段时间里，他除了绘制巴西的风景，没有绘制过其他东西。著名建筑师彼得·波斯特的弟弟弗兰斯·波斯特（Frans Post，

1612—1680）一直和约翰留在了巴西，并于1644年同约翰一起回到了荷兰。他为巴洛伊斯撰写的1647年的殖民地史记绘制了插画。几经风雨，留存下来的只有波斯特的一本素描本和当时在巴西绘制的七张图画。作为贵族间的馈赠之礼，其中四张被莫里斯于1678年赠送给了法国的路易十四，陈列在卢浮宫当中（莫里斯将收藏的大部分艾克霍特的画作都送呈给了他的堂弟，丹麦的弗雷德里克三世）。大多数情况下，艺术家们在绘制这些地势地貌时都是认真按照地形来进行的。地图虽然结合了荷兰特有的低视野特色，但看上去也是按照河道和开阔水域来分布的。从防御角度来讲，地图自是有其战术实用性，但其呈现的风景依旧让人有种置身画中的感觉，例如在丛林前景中居住的当地动物和生长的植物（见《圣弗朗西斯科河与莫里斯堡垒》，1638）。

波斯特最后有记录在册的作品出现在1669年，此前，波斯特一直致力于用自己特有的方式来绘制有巴西风格的风景。早在1646年，他所绘制的部分植物和风景就被用到了布劳的巴西地图的空白处。在回国后波斯特所绘制的更多的典型的图像都在《巴西风景》中（1650；图47）。按照惯例，波斯特通过层次来展示景观的深度和景观中的风景。他运用大量色彩来绘制前景，绿中带黄，深绿色的前景，角落中还有茂密的植被；此外，他还绘制了很多奇珍异兽（这张图中是一只鬣蜥，其他图中还有巨型食蚁兽，树懒或犰狳）和奇花异草，如仙人掌和椰子，这张图里是一颗正在成熟的菠萝。越过开阔水域，这片狭小的空间和沼泽地被称为瓦尔泽亚，看上去是茫茫一片蓝色。在许多关于种植园的作品中，波斯特绘制的主要对象都是黑人奴隶。通常他会选择画下奴隶们的休闲时光，比如他们在跳舞，他从来没有呈现过那些让奴隶们苦不堪言却无法逃脱的工作。在这张纽约画布上，他绘制的是与世无争的“传统印第安土著”——图皮南巴人。女人们身着优雅的长袍（就像埃克霍特的真人比例的图皮南巴夫妇，但在哥本哈根

图 47 弗兰斯 · 波斯特（Frans Post）《巴西风景》（*Brazilian Landscape*），木板油画，创作于 1650 年

是没有性别之分的），但有几个上身赤裸；穿着白色短裤的男人则抱着手臂，挽着弓箭。所有人都陶醉在青翠的田园风光当中，为了他们的种植园主，随时待命。他们居于整幅画作的顶端，能轻而易举被观众发现。这张图也暗示着，图皮人正在融入欧洲社会，也慢慢在向奴隶转变。

凭借在巴西获得的经验，弗兰斯·波斯特一直在绘制风景画，虽然千篇一律，但也把新奇的南美洲风情带到了荷兰。与此同时，荷兰东印度公司和西印度公司正忙于开拓和保护南半球的殖民地，包括能为其带来丰厚利润的东南亚的香料群岛。1596年，简·惠恩·范·林斯科滕（Jan Huygen van Linsohoten）在阿姆斯特丹出版了一本配有插图的期刊（*Itinerario*），内容主要是关于印度。自此后的百年里，许多旅行类的书竞相问世，不仅为荷兰的读者带来了知识和娱乐，也惠及了整个欧洲的读者，就像从布劳的作品和荷兰众多出版社的出版物中衍生出来的世界地图一样。林斯科滕曾与葡萄牙大主教一起，在印度海岸果阿的殖民地生活过。他的书不仅引起了荷兰人的好奇心，在之后不久，也成为荷兰东印度公司的航行地图。他的书中有关于亚洲多产植物的描述，和由杜德克姆兄弟绘制的蚀刻插图，不仅给荷兰读者带来了科学知识，实用性也非常高。

从这些发源地（包括出口昂贵的肉豆蔻和肉豆蔻干皮

的岛屿）上，自然主义者收到了许多动植物的标本，他们把这些标本不断添加到被称为“好奇的橱柜”的收藏中。虽然这些收藏最初是贵族或富商的专属品，但在荷兰，它们和学者联系在了一起，就像波纳杜斯·帕卢达努斯（Bernardus Paludanus），他是一位来自港口城市恩克赫伊曾（Enkhuizen）的植物学家兼医生，在林斯科滕的期刊 *Itinerario* 中，他和林斯科滕就植物学信息有着密切合作，他还把自己的知名藏品卖给了德国贵族弗里德里希，即符腾堡公爵。这些物品也出现在了豪斯登堡市民厅的一幅画作上，这幅作品就是由雅各布·范·坎彭创作的《凯旋门和来自东西方的货物》（*Triumphal Arch with Goods from the East and West*）。画中有来自其他国家的鸟类、巴西文物甚至是中国的瓷器，这些在荷兰静物绘画作品中经常出现。1641 年，英国日记作家约翰·伊夫林（John Evelyn）记录了他是如何在地图集出版商洪迪乌斯和布劳的商店里购买地图、“贝壳和印度玩物”的。

收藏家的影响力也波及了伦勃朗，使他对涌入阿姆斯特丹的来自全球各地的物品和信息都产生了不同的理解。1656 年，艺术家的破产清单清楚地表明，伦勃朗也是一个收藏发烧友，他的藏品不仅仅有艺术品，还有各种来自异域的物品，包括武器、陆地生物标本、海洋生物标本和角，还有用于艺术研究的各种收藏品，像是油画、版画、素描甚至是古董雕塑。如他在 1653 年绘制《对着荷马半身雕塑思考的亚里士多德》（*Aristotle Contemplating the Bust of Homer*）中的半身雕塑；或者那幅大概在 1641 年创作的小蚀刻画《男人》（*Man Prawing from a Cast*）。在伦勃朗绘制的作品中，我们能看到他借用了哪些私藏品来作为创作对象。

1650 年，伦勃朗精心创作了一幅蚀刻画，画中是一个来自南太平洋的贝壳，是一个圆锥形的贝壳（图 48），英文名字来源于它棕白色的纹理，就像大理石一样。这可

图 48 《贝壳》（*The Shell*），蚀刻画，创作于 1650 年

能是他艺术品陈列柜中的一部分，这个柜子里有“许多角和海洋植物的标本”。类似的稀有贝壳还出现在很多静物画中，有些人还会在旁边配上昂贵的花朵，正如巴尔萨泽·范·德·阿斯特（Balthasar van der Ast）和他的妹夫安布罗西斯·博斯哈特（Ambrosius Bosschaert）的作品。阿斯特曾在鹿特丹绘制过一幅贝壳画，其中有另外一个大理石芋螺和其他诸多标本。帕卢达努斯时期还有一位著名的收藏家扬·格维尔森，他甚至委托亨德里克·高尔丘斯为他的收藏品绘制一幅肖像画（1603）。贝壳在自然界里就非常漂亮，这也让它们成为收藏品中一个非常完美的补充。但就像令人垂涎的郁金香球茎在 1637 年遭遇泡沫经济前引发的购买热潮一样，由于稀少和收藏家们的强烈需求，贝壳的价格也是一涨再涨。作为回应，罗默尔·威斯彻（Roemer Visscher）在他的插画书 *Sinne-Poppen*（1614 年第一版）中，将这种现象讽刺为愚蠢，书中出现了很多来自其他国家的贝壳，图片上用荷兰语写着“傻瓜如何花钱真是令人惊讶”，并宣称贝壳“唯一的美就在于稀有”。因此在艺术中，贝壳被置于令人觊觎的地位，但也可能因为收集它们的高成本而让收藏贝壳变成一件非常愚蠢的事。

贝壳也很容易被当成劝世静物画的象征，这种作品强调了所有生物都不可避免会面临死亡。因此，这些作品也会像那些有警示意义的静物如头骨和骨头一样，充满沙漏、手表或者肥皂泡等视觉元素。此外，除了静物画中的鲜花或水果，贝壳向人们进一步展示了它们的脆弱和易碎。

伦勃朗的《贝壳》是一幅大师级的作品，对于这幅作品可以有很多种解读。这是一幅捕捉到大自然中的艺术的艺术品，它将珍贵的物体变成画作唯一的焦点。它将贝壳和它的影子放在了一个浅近空间内，用黑白两种颜色勾勒出了贝壳，黑色看上去很浓厚，像天鹅绒一样，白色部分像是一个个贴片，略有差异。有资料显示，伦勃朗还为这些物品付出了高昂的代价，特别是一个海螺壳。为贝壳创作蚀刻画是有先例的（尽管这个作品从未发表过）。1646年，温斯劳思·霍拉（Wenceslaus Hollar）为他的赞助人，知名收藏家托马斯·霍华德（Thomas Howard）制作了另一套精美的贝壳蚀刻画，没有任何背景也没有阴影。阿伦德尔伯爵霍华德是流放到荷兰的英格兰元帅，他主要收藏莱昂纳多和霍尔拜因的画作，这些也被霍拉变成了蚀刻作品。但伦勃朗的《贝壳》在他的印刷作品中仍然是独一无二的，它远没有科学图像那么有用，和其他类似的作品甚至是霍拉的版画相比，也没有什么实用价值。学者们发现，在蚀刻画中，贝壳的纹理是按照逆时针的方向呈现的。

然而，伦勃朗对更广阔的自然世界一直很迷恋。他的

1656 年藏品清单中有一本书，“里面都是伦勃朗绘制的已经死去的动物”。1637 年，伦勃朗用黑色粉笔绘制了一只大象，用木炭灰对部分进行了强调，上面还有罕见的签名和日期。他下笔很快，以此来描绘大象粗糙的皮肤表面和弯曲的象鼻。另外三张粉笔画则侧重于描绘大象的轮廓和它的前肢，这也表明艺术家曾对他遇到的活着的动物做过研究。1638 年，伦勃朗创作了一幅蚀刻画，叫作《人类的堕落》，画中描绘的是伊甸园，这头大象也出现在了画中，成为背景中一个独立的形象。大约在同一时期，伦勃朗在绘制两幅关于雄狮的作品时也使用了木炭粉笔，还通过水洗进行了强调。雄狮很可能来自弗雷德里克·亨德里克在海牙的动物园。这头狮子其实还有一层政治意义，在伦勃朗《国家的和谐》（约创作于 1640 年，图 42）这幅作品中，这头毛发经过修剪的狮子被当成了比利时雄狮，而这幅作品在 1656 年的清单中被编为 106 号。骆驼则出现在《值一百荷兰盾的版画》（创作于 1648—1649 年，图 30）和《正在布道的施洗者约翰》（约创作于 1634 年，图 22）中。

伦勃朗绘制的最具有异国风情的动物也许是天堂鸟，是用钢笔在一张纸上绘制的两个形象，画作也经过了水洗（约创作于 1640 年）。从这幅作品中我们了解到，这个来自巴布亚新几内亚的非常罕见的标本实际上属于伦勃朗本人，

1656 年的清单显示，这个标本（“一只有六片扇尾的天堂鸟”）被放置在一个抽屉里。像许多早期自然主义者如康拉德·盖斯纳（Conrad Gessner）和荷兰人卡罗勒斯·克卢修斯（Carolus Clusius）一样，伦勃朗在绘制这些鸟类时只绘制了它们长长的羽毛，却没有画腿，因为这就是它们被做成标本送到荷兰时的样子。因此，在早期的描述把天堂鸟塑造成了一种无腿的动物，因此它们不得不一直飞。

来自东印度群岛（与荷兰香料贸易密切相关）的这笔巨大的财富对于伦勃朗好奇的橱柜来说，将会是一个奖励。

服装，特别是“东方的”或“圣经里的”服装，总是令伦勃朗着迷。在《正在布道的施洗者约翰》（图 22）这幅作品中，我们看到不同种族的人穿着他们的本土服装出现在户外的集会上，他们戴着头巾和头饰，身着长衫，还有人穿着日本盔甲，这也是一个非常受欢迎的收藏品。此外，在《刺瞎参孙》（1636，图 40）这幅作品中，伦勃朗绘制的那把来自异国的弯刀实际上是来自爪哇的一种短剑。在 1656 年列出的各种各样的物品中，有一本书“充满了各种新奇事物的微型画作以及各种服饰的木板画和铜版画”。为了画好人物的衣着，伦勃朗从各个地方寻找灵感，有时是从他的收藏品身上，但主要还是从艺术品那里获得灵感。

伦勃朗有一组作品其实是复制了阿格拉莫卧儿王庭的

一套微型画作，其中许多作品仍陈列在大英博物馆（约创作于 1655 年，图 49）。在其中一幅作品中，呈现出来的每个人都不一样，他们身着各式各样的异国服饰，伦勃朗用精细的线条勾勒出了服装的轮廓，还稍稍加了一点水洗效果。在这幅画中，很多人物我们都能轻松识别出来，皇帝

图 49 《接见官员的皇帝贾汗吉尔》（*Emperor Jahangir Receiving an Officer*），经过水洗的墨水画，约创作于 1655 年

贾汗吉尔的特征和在自画像中一样，有着非常有特点的下颌和下垂的胡须。尽管皇帝是跪在沙发上，但他的身形要比其他人物大，他全副武装，佩带着剑和匕首，戴着精致的羽毛头巾，显得更高。他是画中的主要人物，他的面前是一位下属官员，恭敬地站在那里，正在把一份书面报告递交给皇帝。来自莫卧儿专辑中的几幅骑手肖像也被艺术家复制了下来。

伦勃朗很少会在他的公开作品中使用莫卧儿王庭的这套微缩作品，但在一幅作品中，他确实对画中人物的服装进行了修改，这幅作品就是《亚伯拉罕和三个天使》（*Abraham and the Three Angels*，1656），被伦勃朗用来借鉴的莫卧儿王庭的原始画作在维也纳的帝国收藏中得以保留。艺术家对原图进行了些微改编，但基本和原图相差无几。在破产清单列出的同一年（1656年），伦勃朗完成了一幅蚀刻画，这表明伦勃朗在此前就已经接触甚至拥有过这组莫卧儿微缩图。

到目前为止，伦勃朗个人收藏的最大部分是艺术品，主要是由他尊敬的模特以印刷品和绘画的形式呈现出来。他确实收藏了自己的许多作品。有一些作品，就像《国家的和谐》，以及未能售出的“冒险”的画作、浮雕式装饰画或者其他研究型画作：风景、动物、工作室里的模特和头像（包括基督的两幅头像，编号分别为 115 和 118，图 29）。其他艺术家的作品可能弥补了可供转售的库存。伦勃朗有时还以经销商的身份做一些艺术品投资。清单中列出的两幅意大利画作（编号分别为 34 和 109）是伦勃朗和知名经销商彼得·德·拉·通贝（Pieter de la Tombe）共同拥有的。其他许多意大利作品则被明确标注为副本。他收藏的大部分荷兰或佛兰德画家的作品都是来自上一代画家的，这些画家都已经过世了，这些被收购过来的画可能是用来填充销售库存的，像是阿德里安·安布劳沃（Adriaen Brouwer）绘制的类型场景，扬·波尔切利斯（Jan Porcellis）绘制的海景，海格力·斯格斯绘制的陆地风景以及他前任同事扬·利文斯绘制的各类形象。

在平面艺术品中，这份清单几乎没有提到伦勃朗的版画作品，但列出了 24 张专辑和两包他的油画。这些作品中的大部分都是能找到类别的，像如今的版画合集一样，它们也是按主题划分的，有人物研究（包括裸体）、动物、雕塑和“古董画作”的模仿以及风景。最珍贵的是德国和荷兰的大师，特别是卢卡斯·范·莱登（Lucas van Leyden）、彼得·勃鲁盖尔（Pieter Bruegel）、马腾·范·海斯凯克（Maarten van Heemskerck）以及哈勒姆的亨德里克·高尔丘斯那一拨人）的版画，尤为珍贵的是意大利画家——曼特尼亚、拉斐尔、米开朗琪罗、提香以及安东尼奥·坦佩斯塔（Antonio Tempesta）创作的作品。一些纸质作品为主题内容保留了价值，就像罗伊兰德特·西弗里（Roelandt Savery）那幅风景秀丽的蒂罗尔风景，梅尔希奥·洛克（Melchior Lorck）的土耳其风光以及意大利画家——拉斐尔、罗索、阿尼巴尔·卡拉齐（Annibale Carracci）和吉乌里奥·博纳索恩（Giulio Bonasone）的情色版画。

伦勃朗幸存下来的一幅钢笔素描显示了他对老一辈意大利大师作品的浓厚兴趣。它记录了 1639 年 4 月 9 日在阿姆斯特丹举办的一场重要的艺术品拍卖会，拍卖的是卢卡斯·范·乌伦（Lucas van Uffelen）的收藏品，他曾居住在威尼斯。在那里，伦勃朗看到了拉斐尔绘制的巴尔达萨雷·卡斯蒂利奥内（Baldassare Castiglione）的肖像（约创作于 1515 年），这幅画对伦勃朗之后在 1639 年绘制的蚀刻自画像（图 54）和 1640 年的自画像（现陈列于伦敦的国家美术馆）产生了即时效应。伦勃朗对这幅画进行了诠释，他用另一幅画的栏杆上的一个显眼的手臂修饰了这幅作品，那幅画就是提香早期的一幅作品《有蓝色袖子的男人》（创作于 1511—1512 年）。他还记下了这幅画的价格，3500 荷兰盾的天价（伦勃朗的那幅《夜巡》集体肖像画卖到了 1600 荷兰盾），这幅画被钻石商阿尔方索·洛佩兹（Alphonso Lopez）买下，他也收购了提香的那幅作品。随着阿姆斯特丹艺术市场的蓬勃发展，伦勃朗对康斯坦丁·惠更斯的回应似乎更合理：他不需要像惠更斯建议的那样前往意大利，因为实际上，最好的意大利作品就要来到荷兰了。

伦勃朗当然希望世人能够记住他的名字，就像意大利的拉斐尔和米开朗琪罗一样，所以在 1633 年之后，也就是他在阿姆斯特丹事业刚起步阶段，他就把签名换成了自己的名字，而不是他在莱顿时签的“RhL”了。关于伦勃朗传奇的职业生涯我们已经听过太多了，但有一点是在伦勃朗职业生涯后期，他曾受到过一些作者的批评，因为他的画作没有完全画完也缺少主题思想，这与当时荷兰艺术的走向是不相符的。特别是在 17 世纪中叶以后，画家杰拉德·德·莱雷西（Gerard de Lairesse）将这两个要素写进了《伟大的绘画书》中。但正如埃里克·扬·斯卢伊特（Eric Jan Sluijter）所重申的那样，伦勃朗非常努力地想要与伟大的前辈如拉斐尔、提香当然还有鲁本斯竞争，他所绘制的朴实无华的裸体人物虽然充满他的个人风格，但却与理想中的样子相差甚远。

伦勃朗认为他的这些批评是从他相对早期的一幅画《对批评的讽刺》（*Satire on Criticism*，1644，图 50）开始的，他在那幅画上写下了另一句罕见的题词。一个戴着驴耳帽的评论家坐在一个空桶上，表明他所处的地方是一个小酒馆，手里拿着一个烟斗（烟斗本身就代表了烟雾，也透露出闲散的意思），指着地板上一张带框的半身肖像画。他的脚下还有另外一张圆顶的半身肖像画和夹鼻眼镜。这位评论家并没有把眼镜戴上，因此他的近视显得更加严重了。然而，一群人正聚集在一起听他讲话，其中一个人扶着带框的那幅画在思考，他戴着一条链子，上边有很多大圆环，好像他是受到封赏的皇室艺术家或者至少是一名行

图 50 《对批评的讽刺》（*Satire on Criticism*），墨水画，创作于 1644 年

会官员。在画面的右上角，还有被举起来的像是盾牌的一个东西，可能是另外一幅画，画前站着两位穿着考究的男人，很可能是在考虑购买这幅画。厄恩斯特·范·德·韦特林（Ernst van de Wetering）将这群旁观者与鉴赏家或业余爱好者（或者说艺术爱好者）联系在了一起，在17世纪，他们和荷兰以及佛兰德的艺术家有着密切合作。他们在成为评论家或艺术理论家之前的天真和轻信，让他们被角落里真正的艺术家所蔑视。但有一个主要人物有不同意见，在画面右下角，他蹲在这幅画的后面，边上厕所边思考。他看着观众，好像在寻找同路人的认可，他用一张纸擦拭着屁股，表达了他对这幅画的支持，这张纸很可能是从那些评论家们已经发表的理论中撕掉的一页。

戴着驴耳帽的这位主教穿着略显破旧的衣服，以及日期上“1644”中的第一个“4”可能将这幅画与荷兰艺术理论和艺术史上的第一本书联系在了一起，这本书就是《绘画之书》，由画家兼理论家卡雷尔·范·曼德尔于1604年在哈勒姆出版。在这幅作品产生的那个年代，最著名的艺术理论是弗朗西斯科·朱尼厄斯（Franciscus Junius）的《三本书中的古人画》，1637年首次在阿姆斯特丹出版，1641年被翻译成英语和荷兰语，因此伦勃朗可能一直在针对那本书。他的确是根据自己的理解来绘制作品，违反了公认的绘制方法，这也是评论家们攻击最为猛烈的地方。

几年之后，伦勃朗还创作了一幅同样属于个人甚至有些私密的画作，但表达的意思却完全相反。1652 年，在给他的贵族赞助人扬 · 西克斯（图 13 蚀刻肖像；或者 1654 年绘制的半身肖像画）的一套私人礼物中，他把自己的画作同其他诗歌、警句、徽章和亲笔签名一起送给了西克斯，他在画上写上了日期还签了名，这幅画是他唯一作为礼物的一幅作品，上面写着“伦勃朗送给扬 · 西克斯 1652”（图 51）。这幅作品的主题非常适合博学多才的西克斯：盲人荷马在户外向听众背诵诗歌。此外，这幅画的构图整体比较偏下，这也是为了向前辈大师的一幅作品致敬——拉斐尔的《帕纳萨斯》(*Parnassus*)。这幅作品是为了罗马的教皇图书馆署名室中的壁画设计的，而后被马坎托尼奥 · 拉蒙蒂雕刻成了雕塑作品。在拉斐尔的画中，斜倚着的阿波罗是画面的中心，他是艺术的主人也是众神的领袖，但画面最上方的荷马也得到了重视，他身下来自不同阶层的倾听者和大树的侧面在伦勃朗的画中得以保留，但是方向发生了改变。

实际上，无论是因为他的赞助人的性格，还是在荷兰对古典形式和主题广泛的文化强调中，伦勃朗都转向了两种元素。然而，与 1644 年那幅《对批评的讽刺》相比，《荷马朗诵诗》显示了一种更为粗犷、更为简洁的风格，人物

图 51 《荷马朗诵诗》（*Homer Reciting Verses*），墨水画，创作于 1652 年

看上去更加粗俗无礼。伦勃朗在绘制这幅作品时使用的是一种坚硬的芦苇笔，这不是他早期用于绘画的羽毛笔，前者画出的线条看起来更加粗糙。就像他晚期的画作一样，伦勃朗将早期所绘制的人物身上那些繁复的动作全部去掉，只展现最核心的部分，以此来强调思想而非动作，他所呈现的也是那些认真倾听、说话温柔的人物。他的这种手法和当时所流行的精致与细化完全相悖，但他仍选择用粗略的线条来呈现那张未完成的作品，之后还给这幅画镶了个框。这种展现手法给观众留下了一些想象的空间，他们可以对未完成的部分进行解读。普林尼在他的《自然历史》中曾对这种未完成或者晚期的风格进行过赞扬，他在这本书中曾发表过对古代艺术规范的权威观点，就连弗朗西斯·朱尼乌斯也对这种手法进行过肯定，他认为艺术家通过自己的一只手和这样一张草稿就能把内心思想展现出来是非常具有价值的。因此伦勃朗把这幅画送给了西克斯，这幅画是他后期“朴素”风格的一次展露，我们能看到其中的矛盾，它既隐含了画家的自我意识，也包含了画家向拉斐尔和经典主题致敬的意味。回顾过去，我们就能认同那些学者的观点了，他们在伦勃朗莫卧儿微缩图的临摹中就能看到同样的简化和对经典的致敬。

就在第二年，伦勃朗绘制了另外一幅关于一个经典主题的作品，这幅画就是《对着荷马半身雕塑思考的亚里士多德》(*Aristotle Contemplating the Bust of Homer*，1653，图 52)，他在画中再一次展现了粗糙这种风格。这幅作品也是为一位赞助人绘制的，他就是来自墨西拿的西西里贵

图 52　对着荷马半身像思考的亚里士多德（*Aristotle Contemplating the Bust of Homer*），布面油画，创作于 1653 年

族唐 · 安东尼奥 · 鲁弗（Don Antonio Ruffo），他主要光顾像圭尔奇诺（Guercino）这样的当代意大利画家，这个主题是他随意交给伦勃朗的。这幅画在它的主人手里丢失了，在 1654 年的清单中只记录了这样一句，“一个哲学家……亚里士多德或者是艾尔伯图斯 · 麦格努斯”。因此，在某种程度上，艺术家的名声和委托人交给他的主题息息相关，尽管伦勃朗因为他的蚀刻画在意大利已经家喻户晓，而且唐 · 鲁弗也收藏过他的蚀刻画。后来，凭借《亚历山大大帝》（已丢失。可能与现如今在格拉斯哥的一幅 1655 年的布面油画有关）和《背诵诗歌的荷马》（1663，受损的一小部分），伦勃朗和圭尔奇诺同时接到了为唐 · 鲁弗绘制图画的任务。伦勃朗把《诗学》的作者和最初的史诗诗人结合在了一起，以此来展示他的作品。亚里士多德创作的关于悲剧英雄的诗歌对后来的希腊文学做出了非常大的贡献，特别是古雅典悲剧，这也是流传至今的《诗学》的核心。此外，画中出现的戴着王冠的盲人诗人半身像是根据一个真实存在的古希腊大理石雕像（现在在波士顿）创作出来的，是伦勃朗和他的学生所研究的古代半身像和模特中的一部分。此后伦勃朗再一次使用了这个雕像——在 1661 年为唐 · 鲁弗创作的《背诵诗歌的荷马》中。

画面明暗交错，画中的亚里士多德在金色的光线下研究着他对面的雕塑，显得安静又充满思想，这幅画对画家本人具有特别重要的意义。如我们所知，亚里士多德不仅是一位哲学家，他还是亚历山大大帝的导师（这也许是唐·鲁弗再次委托伦勃朗，让他绘制这个历史人物的原因）。事实上，仔细观察哲学家脖子上类似浮雕的链子，我们能够看出亚历山大大帝其实是亚里士多德的主人，因为金链子象征着王室对仆从的奖励，在许多宫廷画家如安东尼·范·戴克的自画像中，都能看到画家自豪地戴着这种金链子。在一些早期的自画像中，伦勃朗甚至将想象中的金链子挂在了自己的脖子上，当时他还热衷于为自己的作品寻求认可，也想要跻身宫廷艺术家之列。伦勃朗肯定知道世俗的野心对男人意味着什么，在这幅画中，他向众人展示了哲学家矛盾的心理：一个声音呼唤着他回到对人生的思考中来，另一个声音又告诉他应当继续在王庭任职，他奢华的衣服，包括那条金链子，都象征着他的成功和地位。因此，这位安静的、置身在阴影中的哲学家陷入了两难的境地，一边是专注于创作的诗人（讽刺的是，这位诗人眼睛却看不见），一边是执政的战士，这种为难从他的双手就能展现出来，他一手抚摸着半身像，一手抚摸着脖子上的那条金链子。对于像伦勃朗这样的艺术家来说，1653年绘制的这幅画中的亚里士多德代表了他未曾选择的道路，他放弃了早期成为宫廷艺术家的野心，转而专注于创作，而且他的风格也变得越来越个性化和独特，和他早年间在莱顿以及阿姆斯特丹所引领的风格截然不同。

近来有人提出，《对着荷马半身雕塑思考的亚里士多德》那幅画中的主人公可能是阿佩利斯，从普林尼的叙述中我们得知，他是亚历山大大帝的专属画家，他有很多优点，但对于艺术家伦勃朗来说，他带来的更多是痛苦。阿佩利斯和亚里士多德两人与王室都有所联系，然而，没有任何事物能将阿佩利斯与荷马联系在一起，这位衣着考究、面容庄重、眼神落寞的思考者似乎与古代哲学家更合拍，而不是艺术家。此外，根据普利尼的说法，阿佩利斯很年轻，性格温和，甚至被他的赞助人当成礼物送给自己的情妇坎帕斯皮，好为她绘制一幅裸体肖像画，这个说法和画中的人物完全无法匹配到一起。

伦勃朗的自画像展现的都是他作为一个艺术家的形象，有时真实，有时虚幻，在他的职业生涯中不停转换，但始终是他全力在做的一件事。正如我们之前提到的，他故意把金链子画在了早期的一些自画像中，让人产生误解，这种做法一直持续到 17 世纪 40 年代。他的自画像通过三种方式呈现出来：油画、蚀刻画（不太常见）和素描。伦勃朗总共绘制了 85 幅自画像。在他职业生涯开始时，特别是当他开始创作蚀刻画时，伦勃朗将自己变成了主要模特，经常尝试着去创作小型蚀刻画，通常会用夸张的面部表情来表达当时的情绪，如惊讶、厌恶、痛苦或喜悦。在一些早期的蚀刻作品中，伦勃朗会用黑色粉笔在印刷出来的画上描绘一遍，以便增强和控制阴影效果。一些蚀刻自画像中还出现了其他人物，如乞丐，他们是铜版画中的一部分。很多早期的油画和蚀刻画都是头像，但在作品中伦勃朗依然大胆尝试了明暗对比，将他的眼睛置于深色阴影中。

正如我们在早期的殉难主题作品中看到的（其中一幅是《基督落架图》，图 27；这些作品是为总督弗雷德里克·亨德里克创作的），伦勃朗将自己的形象也绘制在了这些宗教场景中，有时是旁观者，有时是证人，有时甚至是同谋。事实上，在他最早的宗教画作《被处以石刑的圣史蒂芬》（*Stoning of St Stephen*，1625）中，他就出现在了旁观者和行刑者中间。在搬到阿姆斯特丹不久后，伦勃朗开始在油画和版画中对人物的服装进行改良，他要去除上个世纪的老式服装元素，特别是贝雷帽和带有羽毛的天鹅绒帽，还有带刺绣的斗篷。在一幅蚀刻画中（1634），他甚至描绘了一顶皇冠和一把克里斯式的军刀；在另一幅早期作品中（1631），他穿着“东方服装”，整个人出现在了画中，此外他还披着一件斗篷，里面是一件缎面长衫，头上戴着羽毛头巾，拄着一根拐杖，脚边是一只宠物贵宾犬。

在他最大的一幅自画像中（1658），伦勃朗依然保持着这种形象，他面朝着观众，手里拿着一根银色的棍子，看上去既像槌子又像手杖，但是起到了和权杖相似的作用。当时他仍然戴着标志性的贝雷帽，穿着一件16世纪镶着毛边的学术长袍，里面是金色的无袖上衣，扎着一条红腰带。后期的这种风格充分体现了伦勃朗纯熟的技巧，这幅画似乎是在向提香和安东尼·范·戴克致敬，戴克曾为同时期一位自信的艺术家马尔顿·里克查尔克（Maarten Ryckaert）创作过一幅不同寻常但非常特别的坐姿肖像画（约创作于1631年），后来还把这幅画印制了出来，可能成为伦勃朗参考的对象之一。伦勃朗在自画像里描绘的服装仿佛给了他一个角色扮演的机会。伦勃朗有几样最喜欢的服饰，在许多早期的肖像画、人物研究和自画像中，他最喜欢的是一个护喉。这个护喉曾出现在多个军官的肖像画中，很有实用价值，它赋予了画中的模特包括伦勃朗本人一种勇敢的品质，也体现了他们在最近的荷兰起义中的爱国情怀，在艺术家后来创作的《夜巡》（1642）集体肖像画中，民兵组织也传承了这些美德。

在伦勃朗的早期作品中，有一幅的角色更加大胆，但也是对他自己的一个贬低，那幅作品就是他的自画像《酒馆中的浪子》(*Prodigal Son in the Tavern*，约创作于1635年，图53)，画中有他和他年轻的新娘萨斯基亚。在这幅作品中，他的外貌学研究在这位笑嘻嘻、醉醺醺的年轻人身上得到了展现，他戴着贝雷帽，腰间佩着剑，腿上还坐着酒馆里的一位姑娘，打扮得有些过头了。两个人都穿着16世纪的服装。他闲着的那只手里举着一大杯啤酒，夫妻俩面前的桌子上还放着一个猎物派，价格不菲。尽管这些肖像画得到了早期收藏家的认可，但这个放荡的形象还是影射了《新约》中的浪子(《路加福音》15：11—32)。《新约》讲述的是一个将财产挥霍在女人、赌博和酒精上的浪子的故事。当然，在1634年，当他以这种形式来创作自画像时，伦勃朗正处于人生的巅峰，名利双收，是繁荣的阿姆斯特丹最时尚的肖像画家，也是一个刚结婚的幸福之人。当他把自己置身在一个《圣经》故事中时，在这种情况下，他便不再是耶稣受难时的追随者或行刑者了，相反，他是一个个体，对描绘的这个颓废又罪恶的故事将如何结束了然于心。然而，他虽然在作品中意识到了浪费的严重后果并且警告了世人，他自己还是挥霍无度，很快(在1639年)他就在布里街买下了那座昂贵的房子，这也给他带来了经济上的负担，让他在不到20年的时间里就宣告破产了。

一年后，艺术家还为他和妻子创作了另外一幅双人的

图 53 《酒馆中的浪子》（*Prodigal Son in the Tavern*，与萨斯基亚一起的自画像），布面油画，约创作于 1635 年

蚀刻肖像画，两人仍然穿着花哨的老式服装（1636）。在这幅作品中，伦勃朗把自己描绘成了一个正在工作的艺术家，眼部用阴影进行了处理，手里拿着蚀刻用的针或者笔，而萨斯基亚则看着他的肩膀。这一次，她有可能是模特，也有可能是来给伦勃朗解闷的。

然后不久之后，伦勃朗选择了用一个著名的绅士形象来呈现自己。在1639年的一幅蚀刻画（图54）和1640年的一幅油画中，他都把自己描绘成了一个倚在石头窗台上的形象，面对着观众，显示他的优越感。头部和身体的姿势和他与萨斯基亚的双人蚀刻肖像画中的一样，但他放在壁架上的手臂和袖子与阿方索·洛佩兹（Alphonso Lopez）收藏的提香的肖像画非常相似。他休息的姿势也来源于拉斐尔一幅著名的肖像画，这幅画绘制的是朝臣巴尔达萨雷·卡斯蒂利奥内（Baldassare Castiglione）。在这幅画中，他的衣着仍是16世纪流行的样式，上面有很多昂贵的皮草装饰。特别是在蚀刻画中，他对头发和面部的修饰与范·戴克所绘制的宫廷人物如出一辙。伦勃朗刚收的学生，尤其是费迪南德·波尔和格瓦特·弗林克很快就采用同样的手法为他们自己绘制了两幅自画像，而伦勃朗也把这种手法运用到了他为一位贵族绘制的肖像画中，这幅作品就是《尼古拉斯·班比克》（*Nicolaes Bambeek*，1641）。这种对权威作品的模仿恰恰证实了伦勃朗在事业巅峰时期的国际意识和职业抱负，他在1639年购买的那所豪宅也能印证这一点。

相比之下，伦勃朗也非常愿意把自己描绘成一个正在

图54 《倚在石窗上的自画像》（*Self-Portrait Leaning on a Stone Stoll*），蚀刻画，创作于1639年

工作的工匠。这些作品中，最引人注目的是他 1648 年的一幅蚀刻画，《窗边的自画像》（*Self-Portrait at a Window*，图 55）。伦勃朗曾经历过一段低谷时期：1642 年，萨斯基亚、他的两个孩子还有他的母亲相继过世，他和护士女佣基尔蒂·迪尔克斯（Geertje Dirckx）之间的矛盾愈演愈烈，他的财务负担也在不断增加，在这一系列挫折之后，他创作了这幅自画像。伦勃朗没有戴有羽毛的帽子，而是戴了一顶简单的深色帽子，穿着一件外套，安静地坐在小桌旁工作着，房间很黑暗，只有自然光从敞开的窗口投射进来，窗外是一片丘陵。他的工具可能是蚀刻用的针或笔，但他的任务只是在纸上做些简单的勾勒而不是绘制油画，在创作完《夜巡》之后的十年里，他鲜有油画作品问世。他的面颊有些浮肿，岁月的痕迹也在脸上显现了出来，但他仍全神贯注在工作中，他凝视的目光既坦率又坚定。当然，在意大利艺术理论中，对绘画技巧的掌握是正统艺术家所应具备的基本素质，但在这幅作品中，伦勃朗似乎并没有体现出这种素质。实际上，他在创作这幅作品时所参考的书籍是对他的一种支持，而不是他学识的象征。

另一幅真人大小的彩绘肖像画向我们展示了他工作时的穿着——一件工作服和一顶帽子，没有其他打扮（1652）。画作整体的基调是深褐色的，只有他那张苍老的、布满皱纹的脸是亮的。画家面向着观众，站得很随意，但非常自信，他双手叉腰，两个拇指放在腰带上。这位艺术家还创作了一幅类似的全身像小素描，他穿着工作服，双

图 55 《窗边的自画像》（*Self-Portrait at a Window*），蚀刻画，创作于 1648 年

手放松的姿势和肘部延伸的姿势基本一样（约创作于 1650 年；存放在阿姆斯特丹的伦勃朗故居），可能是在研究维也纳的画像。在创作了这些简朴的自画像之后，他在职业生涯的最后十年里，绘制了一幅巨大的半身自画像，在画中，他把自己描绘成了一个正在工作的画家——《拿着调色板的自画像》（约创作于 1665 年，图 56）。画家再一次把自己的真实模样展现给了世人，他看上去更加苍老，头发花白，脸颊松弛，皱纹也更多了，强光从侧面照过来，投下了一片阴影。他戴着一顶画家戴的帽子，镶着毛边的长袍和无袖上衣与弗里克作品里的君主很相似。在这幅画中，伦勃朗把他画画用的工具拿在了手里。这幅画的色彩运用得很大胆，一把刷子、一个调色盘还有一个突出的槌状物出现在了他左手本应出现的位置，表明画家使用了大量的颜色，也体现了画家在创作这幅作品时的状态。他白色的帽子和衬衫将他的脸衬托得很亮，他隐藏在深色长袍下支着的手肘为布局增添了一种稳定性，就像金字塔一样。

工作室的样子在背景中没有得到明确展示，但画家身后的墙上有两个巨大的半圆形装饰物，让我们看到了墙面的样子。当时，荷兰人所制作的挂在墙上的大型地图是通过两个半球的形式展现出来的，墙上的两个半圆应该就是地图的一部分，反过来，这也表明了画家的眼神究竟有多

图 56 《拿着调色盘的自画像》（Self-portrait with Palette），布面油画，约创作于 1665 年

坚定。这种自信、稳定又连贯的曲线也可能是指意大利文艺复兴时期伟大的创始画家乔托的传说，他的写意圈表明了他成为艺术大师的惊人的早期天赋。画架上的画布几乎看不到，只在右上角露出了一点点。这幅作品应该是画家对着镜子直接创作的一幅作品，因为画家是右撇子，但在画中，他用左手拿着工具，另一只手则放在了屁股上。

因此，和他早期那幅篇幅较小但主题明确的版画《工作室里的画家》（图 3）相比（那幅作品很可能也是一幅自画像，画家的面前仍然是他的画架），这幅后期在肯伍德创作的自画像让我们看到了画家的成熟和专业，但却没有感情也没有戏剧色彩。在这幅画中，画家大胆而稳妥的手法让我们看到了凝聚了其一生经验的距离和信心。虽然后期的这幅作品仍具有反思性，但对工作室的描绘与初期充满雄心壮志的伦勃朗所描绘的细致逼真的工作室相差甚远。

在他生命的最后一年，也就是 1669 年，伦勃朗仍然绘制了两幅生动的自画像，并将他的真实样貌展现在了画中：他的头发变白了，但眼神和手依旧坚定。令人惊讶的是，现在伦敦的那幅后期绘制的自画像几乎和 1640 年那幅倚在窗台上的半身一模一样，都是半身像，看上去都很平静。我们的印象证实了两幅作品在眼神和姿势上的连续性，而在海牙的那幅后期创作的自画像则体现出一种告别的感觉，面对年龄和自己的心理，画家显得很轻松也很坦诚。

伦勃朗在职业生涯最后的十年里所创作的自画像也体现在他所接受的他人的任务。最明显的是他为所有历史宗教人物创作的肖像画，就像他那幅自画像《酒馆中的浪子》。在《化身使徒保罗的自画像》(图 57）中，他把自己的特征融合在了这位圣经人物的身上。画中的使徒拿着一本翻开的书，大概是《圣经》，他从研究中抬起头来，想要与观众进行交流，甚至是想把书中的内容分享出来，同大家一起讨论（这里的讨论指的是圣彼得和圣保罗之间的讨论，图 21)。保罗毕竟是个传教士，因此他自己的文章和书信都为《圣经》提供了评论。他的头上裹着头巾，明亮的光线落在了他的额头上。额上的褶皱和老化的皮肤从层层的阴影中显现出来。这个特殊的宗教形象之所以被认定为保罗是因为他的个人物品，左臂下方的剑柄象征着他的殉难。

反过来，这张保罗的画像与同时期他所创作的其他画像应该归为统一系列，这一系列包含诸多相似的半身使徒像。就在他 1656 年宣告破产之后的几年里，伦勃朗尝试绘制这种半身的、在黑暗背景中思考的宗教人物的单人半身像（如正在办公桌上写作的《使徒保罗》，约创作于 1657 年)。1661 年创作的其他作品还有《马修》《巴塞洛缪》《西蒙》《詹姆斯》，以及相关的《复活的基督》的半身像，还有《圣母玛丽亚》。这些画作中的大部分采用的都是伦勃朗后期的创作风格，大量运用棕色颜料来对画面进行渲染。然而，它们的尺寸和完成程度有时会有所不同，因此这个项目并没

图 57 《化身使徒保罗的自画像》(*Self-Portrait as Apostle Paul*)，布面油画，创作于 1661 年

有被当作同一个系列而放在一起展示，它们和鲁本斯以及范·戴克的诸多油画系列或印制出来的专辑形成了鲜明对比。因此，伦勃朗所绘制的油画并没有形成一个完整的、系统的系列，它们甚至在传达的信息方面也各不相同。

当然更为重要的是，伦勃朗选择用保罗来展示自己的特征。虽然保罗并不是基督的直属信徒，但对于新教在人去世后继续传道的基本原则他进行了明确，特别是仅靠信仰而获得恩典和辩护的概念。伦勃朗曾绘制过多幅关于保罗的作品，包括早期的《在狱中的保罗》（1627）还有最近的一幅《化身为圣保罗的老人》（可能创作于1659年），他本身可能是另外一个身份不明的历史人物。保罗对于各种新教教派具有特殊的意义，从马丁·路德开始，由约翰·加尔文和门诺·西蒙进一步发扬，所以在伦勃朗绘制的画作中，他没有具体表明画家是属于哪个教派的。然而，为了引起注意，加尔文特别指出了保罗：

> 我们应该将注意力更多地放在保罗而不是彼得的使徒身份上，因为圣灵在为他们分配不同的疆域时，把彼得分给了犹太人，但把保罗留给了我们。（《基督教要义6》：6，15）

伦勃朗的信仰到底是什么是很难确定的一件事，但他的画作与加尔文的教义是一致的，特别是关于《旧约》的誓约，而他的艺术作品也再一次肯定了他的基督徒身份，尤其在他那幅《化身为使徒保罗的自画像》中，这一点得到了进一步肯定。就像 16 世纪德国的阿尔布雷希特·杜勒（Albrecht Dürer）和卢卡斯·克拉纳赫（Lucas Cranach）为抗议派领袖马丁·路德或他的副手菲利普·梅朗克森（Philipp Melanchthon）雕刻的肖像画一样，这张面孔代替了著作和神学思想，“杜勒能够将菲利普的外貌描绘得活灵活现，但娴熟的技巧无法描绘他的灵魂”；或“路德自己给了他的灵魂一个永恒的形象，卢卡斯描绘了他凡人的样子”。而伦勃朗走得更远，他用自己选择的圣人来描绘自己，而他那把在心脏附近的剑也能够通过保罗的话来解读：“灵魂之剑，即为上帝之道。”（《以弗所说》6：17）

伦勃朗在晚期还创作过一幅非常大胆的半身自画像，画中，年迈的伦勃朗面朝着观众，脸上带着荒谬的笑容（约创作于 1663 年，图 58）。虽然这幅油画曾被剪裁过，画面也泛黄变暗，但它的一些主要特征还是非常清晰的。戴着贝雷帽的画家正在工作，手里拿着一根支腕杖，他的身前是一幅半身油画，模特的表情很严肃。早期的研究将微笑的画家和阴沉的模特视为古代哲学家中的两个重要人物——德谟克里特（他只会嘲笑愚蠢的人）和赫拉克里特

图 58　自画像《笑嘻嘻》（*Self-Portrait Grinning*），布面油画，约创作于 1663 年

（他会为他们哭泣）的对照。

但伦勃朗的最后一位学生阿尔特·德·格尔德（Aert de Gelder）的一幅更大的画作（1685），揭示了这幅赋予了伦勃朗个人特征的神秘画作的真实主题。事实上，德·格尔德的作品描绘的是一位著名画家：宙克西斯（Zeuxis）。普林尼的故事让他变得非常有名，在故事中，他召集了5位美女，选出每个人身上最漂亮的地方以便为特洛伊的海伦创作一幅肖像画。宙克西斯还能把葡萄画得跟真的一样，鸟儿们看到后，都要飞过来吃。而在德·格尔德的画中，他故意选择了一位丑陋的女人来充当他的模特。艾伯特·布兰克特（Albert Blankert）通过同一个关于宙克西斯的故事将两幅作品联系在了一起，而后，卡雷尔·范·曼德在他书中的附录里也提到了这一点，再之后，伦勃朗之前的学生、画家兼理论家塞缪尔·范·霍赫斯特拉滕（Samuel van Hoogstraten）在他撰写的《绘画艺术概论》（1678）中再一次提到了这两幅画。按照他们的说法，宙克西斯在绘制一位“滑稽的老女人”时岁数已经不小了，他直接笑死了过去。在德·格尔德的大作中，画家要年轻一些，大概是40岁的样子，他把自己的特征也加在了画里，转过身来，和观众一起分享笑声。这个姿势进一步证实了它与现在科隆的那幅大笑的伦勃朗的自画像之间的联系，他在那幅画里就是年迈的宙克西斯，站在画架上的肖像画前，画里画的是一位丑陋的、不苟言笑的女人。X射线显示他最初用画笔绘制了他的左手，在创作这幅作品时也很积极。

这种具有讽刺意味的自画像也表明，伦勃朗对他一生都为他人绘制肖像画的画家身份产生了怀疑，这些肖像画包括在他半个职业生涯和最后十年经济困难时创作的作品。另一个具有讽刺意味的是，他最近的客户之一——杰拉德·德·莱雷西（Gerard de Lairesse），之后成为一名古典主义者，也是反对伦勃朗审美的代表之一。他自己的脸被没有鼻梁的鼻子毁了容，可能是先天性梅毒所导致的（1665）。即使在把自己和经典的艺术创作故事相结合时，伦勃朗的博学和无礼也是非常典型的，特别是对因绘制美丽的典范——海伦而为人所知的宙克西斯来说。

因此，在科隆的那幅自画像更加生动地展现了艺术家的真实想法，他渴望利用传统，甚至把自己融入传统当中，但同时也保留一种不敬的嘲笑。在这幅作品中，他使世人甚至是愚蠢的人与经典融合在了一起。即便是在他来到阿姆斯特丹后第一个雄心勃勃的十年的高峰期，伦勃朗仍然能把鲁本斯所绘制的充满精气神的基督变成他那幅《基督落架图》里一个卑微、充满肉欲的尸体，或者是之后的一幅头像里的样子。伦勃朗可以将各种类型的画作自由组合起来，也可以在他所有的作品中用普通人来展现那些重要的历史人物。

为了实现他自己的野心，为了效仿提香和鲁本斯的画作，也为了加入艺术史上备受尊敬的大画家行列，从这些方面来说，伦勃朗仍然属于他所在的17世纪的荷兰。我们可以把科隆的这幅后期创作的自画像《笑嘻嘻》（*Self-Portrait Grinning*）和另一幅早期的自画像（约创作于1630年，图59）相比较，这幅画是由他极为赞赏的女性艺术家，来自哈勒姆的朱迪思·莱斯特（Judith Leyster，1609—1660）创作的。她不像后期的伦勃朗那样穿着工作服，而是套了一个蕾丝领，戴着一顶帽子，非常时尚，她上衣的袖子用色也非常大胆，就像是为她精心创作的肖像画里的主人公一样。她静静地坐在那，自信地微笑着，手里拿着画笔和调色盘，在为自己绘制油画的过程中停了下来。她画作的主人公是她的标志性人物之一——一位快乐的小提琴手，穿着与即兴喜剧里的小丑类似的衣服，像个袋子一样，舞者和喜剧演员对法国的版画和油画要更为熟悉。她这种令人眼花缭乱的风格来源于她的老师弗兰斯·哈尔斯（Frans Hals），除了绘制肖像画，哈尔斯也绘制喜剧人物。X光显示，在小提琴手的肖像画面前，有个女人坐在了莱斯特的画架上。她靠在椅背上，身子从椅子上转了过来，

图 59　朱迪思·莱斯特（*Judith Leyster*）《画架旁的自画像》（*Self-porfrait at an Easel*），布面油画，约创作于 1630 年

这种看起来自然的姿势也是来源于哈尔斯的几幅肖像画。

与莱斯特和其他许多专门绘制这类作品的同时期荷兰画家不同，伦勃朗很少创作风俗画，尽管他的素描和版画会包含一些成人和孩子，甚至是乞丐的日常生活和干的蠢事，但也只是些小插曲。他自己的生活，特别是他的住所和他规模庞大的收藏体现出他更为严肃的野心，这也体现在了他的职业选择中，特别是对荷兰给予《圣经》主题的特殊关注。整体来说，伦勃朗还是把重点放在了绘制带有严肃情绪的人类形象上，但有时也会带上点《圣经》色彩，就像他的《拔示巴》和《彼得的拒绝》，两人都遇到了道德上的问题。随着时间的推移，伦勃朗和有想法的人接触得越来越多，在倾听和思考中迷失了自己。他放弃了用戏剧性的手法、手势动作以及近距离的描绘来创作令人回味的明暗对比，营造出那种平静的孤独。在他的自画像中，他越来越多地选择用一种粗劣的手法来描绘人物的姿势、对画面进行加工，在很大程度上放弃了他的绅士风度，也放弃了作为一名工匠与观众坦率交流的机会。但他永远不会放弃与灵魂世界之间的联系（如《化身为使徒保罗的自画像》），这也是他诸多兴趣中的一个重要组成部分，但他对某些经典题材也会进行诙谐的创作（如自画像《笑嘻嘻》）。他可能像《对着荷马半身雕塑思考的亚里士多德》那幅作品一样，被世俗和自己想要创造的内容撕成了两半，但他会像荷马一样，去领悟而不只是用眼睛去看。最后，他希望能像《酒馆中的浪子》中的人物一样，得到宽恕，特别是在那些早期的记录的挥霍他的双人肖像画中（如《酒馆中的浪子》)，在他最后纪念穷困潦倒的日子里，他的心愿终得以实现（《浪子回头》，约创作于 1669 年）。

提到对人类在各个方面的展现，我们便会自然想到伦勃朗·范·莱茵的作品。

本书大事年表

伦勃朗 · 范 · 莱茵生平

1606 年 7 月 15 日　伦勃朗 · 范 · 莱茵在莱顿出生

1618—1620 年（约）伦勃朗就读于莱顿的一所拉丁语学校；1620 年在莱顿大学注册

1621—1624 年（约）在莱顿和雅各布 · 艾萨克斯 · 范 · 斯万恩伯格学习

1624 年（约）在阿姆斯特丹跟随彼得 · 拉斯特曼学习

1625 年　发表第一张有日期的画作：《被处以石刑的圣史蒂芬》

1628—1631 年（约）在莱顿收了第一批学生：杰拉德 · 德奥和伊萨克 · 朱德维尔

在莱顿和扬 · 利文斯交往密切

1629 年　弗雷德里克 · 亨德里克总督的秘书康斯坦丁 · 惠更斯对伦勃朗提出了批评，伦勃朗绘制了《犹大退还三十枚银币》（现为私人收藏品，目前在英国）以表接受

1632 年　与经销商亨德里克 · 乌伦博格一起生活，绘制《尼古拉斯 · 蒂尔普博士的解剖课》，肖像画《阿梅利亚 · 范 · 索尔姆斯》

开始为总督弗雷德里克 · 亨德里克绘制殉难系列：《升上十字架》和《基督落架图》（都在慕尼黑）

1633 年　为抗议派领袖乔汉斯 · 尤滕博格特绘制肖像画和蚀刻画

1634 年　与萨斯基亚 · 乌伦博格结婚，成为阿姆斯特丹圣卢克工会的成员

1634—1635 年（约）　收格瓦特 · 弗林克为徒

1635 年　伦勃朗离开乌伦博格的工作室，尝试自立

弗林克接替伦勃朗成为乌伦博格画室的领军人物

儿子罗伯特出生（死于 1636 年 2 月）

1636 年　新的殉难主题作品问世：《升天》（现在慕尼黑）被送往海牙

1636 年（约）　收费迪南德 · 波尔为徒

1638 年和 1640 年　两个都叫作科妮莉亚的女儿分别早夭

1639 年　在圣安东尼街买下房子（如今的伦勃朗博物馆）

另外两幅殉难主题的画作被送往海牙：《埋葬》和《复

活》(都在慕尼黑)

1640 年　收塞缪尔 · 范 · 霍赫斯特拉滕为徒(后来发表了一本关于艺术理论的专著

1641 年　儿子泰特斯出生(由萨斯基亚所生唯一活下来的孩子)

1642 年　萨斯基亚于 6 月 14 日去世

完成《夜巡》(现在阿姆斯特丹)

基尔蒂 · 迪尔克斯被聘为泰特斯的保姆，后来成为伦勃朗的情人

1646 年　弗雷德里克 · 亨德里克委托伦勃朗创作了两幅关于基督幼年的画作

1649 年　因违反婚约，基尔蒂 · 迪尔克斯起诉伦勃朗，并因此每年都能得到赡养费

1650 年　基尔蒂 · 迪尔克斯来到位于豪达的妇女之家

1652 年　伦勃朗为扬 · 西克斯绘制了带有日期的一系列作品《友人图集》

1654 年　亨德里克耶 · 斯托弗斯被归正宗教会传召并否认与伦勃朗有染

女儿科妮莉亚出生

1656 年　伦勃朗申请破产，制定拍卖清单

创作《琼德曼医生的解剖课》(部分现在阿姆斯特丹)

1658 年　搬到阿姆斯特丹约旦区租来的房子中居住

1660 年　与泰特斯和亨德里克耶·斯托弗斯一起经营艺术作品

1660 年（约）　阿尔特·德·格尔德成为伦勃朗最后一名学生

1661 年　创作《克劳狄乌斯·西维利斯的誓言》，成为阿姆斯特丹市政厅的一幅装饰画（部分现在斯德哥尔摩）

1662 年　创作《阿姆斯特丹布商行会的理事们》（现在阿姆斯特丹）

1663 年 7 月　亨德里克耶·斯托弗斯去世

1668 年 2 月　泰特斯与玛格达列娜·凡·罗结婚

当年 9 月 7 日，泰特斯去世

1669 年 10 月 4 日　伦勃朗去世，埋葬于阿姆斯特丹的西教堂

荷兰历史上的重要日期

1568—1648 年　荷兰起义开始：这是一场挣脱西班牙王室统治的独立战争

1575 年　西班牙城市围攻失败后，莱顿大学成立

1579 年　乌得勒支联盟成立，建立荷兰北部省份—荷兰共和国

1582 或 1583 年　弗兰斯·哈尔斯出生（死于 1666 年）

1584 年　荷兰起义的领袖——“沉默者”奥兰治家族的威廉一世被暗杀，其子拿骚的莫里斯继任为总督

1602 年　荷兰东印度公司（VOC）成立

1609—1621 年　与西班牙停战，西班牙在事实上承认荷兰共和国

1613—1662 年　利用运河扩建阿姆斯特丹

1618—1619　荷兰归正宗教会召开多特会议

雨果·格劳修斯逃离荷兰，流亡法国

1619 年　总督莫里斯审判并依法处决倡导者约翰·范·奥尔登巴内费尔特

宗教改革会的反抗议派镇压抗议派

荷兰人在爪哇的巴塔维亚建立东印度公司

1621 年　与西班牙重新开战

荷兰西印度公司（WIC）成立

1625 年　在曼哈顿岛（如今的纽约）建立新阿姆斯特丹

拿骚的莫里斯去世；弟弟弗雷德里克·亨德里克继位担任总督

乔汉斯·尤滕博格特从宗教流亡中回到海牙

1629—1654 年　荷兰占领巴西（前葡萄牙殖民地）

1637 年 《国家圣经》出版

1639—1645 年　用集体肖像画装饰民兵工会大厅

1640 年　彼得·保罗·鲁本斯去世（生于 1577 年）

1641 年　弗雷德里克·亨德里克之子威廉二世与英格兰的玛丽·斯图尔特结婚

1647 年　弗雷德里克·亨德里克去世，威廉二世继位

1648 年　签订《威斯特伐利亚和平条约》，正式承认荷兰共和国

1648—1655 年　雅各布·范·坎彭建造新的阿姆斯特丹市政厅

1650 年　威廉二世企图夺取阿姆斯特丹，但于同年去世；其子，未来的威廉三世出生

1650—1672 年　无总督时期

1652—1654 年　第一次英荷战争

1655 年　法学博士玛纳希·本·以色列出版 *Piedra gloriosa*，收录伦勃朗的蚀刻画

1655—1697 年　格瓦特·弗林克、费迪南德·波尔和扬·利文斯用绘画装饰阿姆斯特丹市政厅

1660 年　格瓦特·弗林克过世，阿姆斯特丹市政厅装饰中断

1662 年　约翰内斯·布劳在阿姆斯特丹出版《大地

图集》

1664 年　英国人攻占新阿姆斯特丹，并将其改名为纽约

1665—1667　第二次英荷战争

1672 年　法国路易十四入侵荷兰

1672—1674 年　第三次英荷战争

1677 年　威廉三世与英国詹姆斯二世的女儿玛丽·斯图尔特结婚

1688 年　威廉三世登陆英格兰；光荣革命爆发

参考文献

Ackley, Clifford, *Rembrandt's Journey*, exh. cat., Boston, Museum of Fine Arts (Boston, ma, 2003)

Adams, Ann Jensen, *Public Faces and Private Identities in Seventeenth-century Holland: Portraiture and the Production of Community* (Cambridge, 2009)

—, ed., *Rembrandt's 'Bathsheba Reading King David's Letter'* (Cambridge, 1998)

Alexander-Knotter, Mirjam, Jasper Hillegers and Edward van Voolen, *The 'Jewish' Rembrandt: The Myth Unravelled*, exh. cat. (Amsterdam, 2008)

Baer, Ronni, *Class Distinctions: Dutch Painting in the Age of Rembrandt and Vermeer*, exh. cat., Boston, Museum of Fine Arts (Boston, ma, 2015)

Bailey, Anthony, *Rembrandt's House* (New York, 1978)

Berger, Harry, Jr, *Manhood, Marriage, and Mischief: Rembrandt's 'Night Watch' and Other Dutch Group Portraits* (New York, 2007)

Bergvelt, Ellinoor, and Renée Kistemaker, *De Wereld binnen Handbereik: Nederlandse Kunst- en Rariteitenverzamelingen, 1585—1735*, exh. cat., Amsterdam, Historical Museum (Amsterdam, 1992)

Bikker, Jonathan, Gregor Weber, Marjorie Wieseman and Erik Hinterding, *Rembrandt The Late Works*, exh. cat., London, National

Gallery, and Amsterdam, Rijksmuseum (London and Amsterdam, 2014)

Blankert, Albert, et al., *Dutch Classicism*, exh. cat., Rotterdam, Museum Boijmans van Beuningen; Frankfurt, Staedel Boogert; Amsterdam, Rembrandt House (Rotterdam and Frankfurt, 2000)

Boogaart, Ernst van den, *Civil and Corrupt Asia: Image and Text in the 'Itinerario' and the 'Icones' of Jan Huygen van Linschoten* (Chicago, il, 2003)

—, ed., *Johan Maurits van Nassau-Siegen 1604–1679* (The Hague, 1979)

Boogert, Bob van den, ed., *Rembrandt's Treasures*, exh. cat. (Amsterdam, 1999)

Brienen, Rebecca Parker, 'Embodying Race and Pleasure: Dirck Valkenburg's *Slave Dance*', *Nederlands Kunsthistorisch Jaarboek*, lviii (2007–8), pp. 265–87

—, *Visions of Savage Paradise: Albert Eckhout, Court Painter in Colonial Dutch Brazil* (Amsterdam, 2006)

Brotton, Jerry, *A History of the World in Twelve Maps* (New York, 2012), pp. 218-93

Carasso-Kok, M., and J. Levy-van Halm, eds, *Schutters in Holland: Kracht en Zenuwen van de Stad* (Zwolle, 1988)

Carroll, Margaret, 'Accidents Will Happen: The Case of *The Nightwatch*', in *Rethinking Rembrandt*, ed. Alan Chong and Michael Zell (Boston, ma, 2002), pp. 91–105

—, 'Civic Ideology and Its Subversion: Rembrandt's *Oath of Claudius Civilis*', *Art History*, ix (1986), pp. 12–35

—, 'Rembrandt as Meditational Printmaker', *Art Bulletin*, lxiii (1981), pp. 587–610

—, 'Rembrandt's *Nightwatch* and the Iconological Tradition of Militia Portraiture in Amsterdam', PhD thesis, Harvard University,

Cambridge, ma (1976)

Chapman, H. Perry, *Rembrandt's Self-portraits: A Study in Seventeenth-century Identity* (Princeton, nj, 1990)

Chong, Alan, ed., *Rembrandt Creates Rembrandt: Art and Ambition in Leiden, 1629–1631* (Zwolle, 2000)

Coelen, Peter van der, *Patriarchs, Angels, and Prophets: The Old Testament in Netherlandish Printmaking from Lucas van Leyden to Rembrandt*, exh. cat., Amsterdam, Rembrandt House; Rotterdam, Museum Boijmans van Beuningen (Amsterdam, 1996)

—, *Rembrandts Passie*, exh. cat. (Rotterdam, 2006)

Cook, Harold, *Matters of Exchange: Commerce, Medicine, and Science in the Dutch Golden Age* (New Haven, ct, 2007)

Corrêa do Lago, Pedro, and Bia Corrêa do Lago, *Frans Post (1612—1680)* (Milan, 2007)

Crenshaw,Paul, *Rembrandt's Bankruptcy: The Artist, His Patrons, and the Art Market in Seventeenth-century Netherlands* (Cambridge, 2006)

Dewitt, Lloyd, *Rembrandt and the Face of Jesus*, exh. cat., Philadelphia Museum of Art (Philadelphia, pa, 2011)

Dickey, Stephanie, *Rembrandt: Portraits in Print* (Amsterdam, 2004)

Duerloo, Luc, and R. Malcolm Smuts, eds, *The Age of Rubens: Diplomacy, Dynastic Politics and the Visual Arts in Early Seventeenth-century Europe* (Turnhout, 2016)

Emmens, J. A., *Rembrandt en de Regels van de Kunst* [1964] (Amsterdam, 1979)

Filipczak, Zirka Zaremba, 'Rembrandt and the Body Language of Mughal Miniatures', *Nederlands Kunsthistorisch Jaarboek*, lviii (2007), pp. 162–87

Ford, Charles, 'Rembrandt's Self-portraits as a Category', in *Re-*

thinking Rembrandt, ed. Alan Chong and Michael Zell (Boston, ma, 2002), pp. 121–7

Fremantle, Katherine, *The Baroque Town Hall of Amsterdam* (Utrecht, 1959)

Gaastra, Femme, *The Dutch East India Company: Expansion and Decline*(Zutphen, 2003)

Gaehtgens, Barbara, 'Rembrandt's *Ganymede*, or the Princely Eagle Test', unpublished lecture, Groningen, 2015

Georgievska-Shine, Aneta, and Larry Silver, *Rubens, Velázquez, and the King of Spain* (Farnham, 2014)

Golahny, Amy, *Rembrandt's Reading: The Artist's Bookshelf of Ancient Poetry and History* (Amsterdam, 2003)

Gyllenhaal, Martha, 'Rembrandt's Artful Use of Statues and Casts: New Insights into His Studio Practices and Working Methods', PhD thesis, Temple University, Philadelphia (2008)

Haak, Bob, *Rembrandt: His Life, His Work, His Time*, trans. Elizabeth Willems-Treeman (New York, 1969)

Halewood, William H., *Six Subjects of Reformation Art: A Preface to Rembrandt* (Toronto, 1982)

Haverkamp-Begemann, Egbert, *Rembrandt: The Night Watch* (Princeton, nj, 1982)

Heckscher, William, *Rembrandt's Anatomy of Dr Nicolaas Tulp: An Iconological Study* (New York, 1958)

Held, Julius, *Rembrandt's 'Aristotle' and Other Rembrandt Studies* (Princeton, nj, 1969)

Hoffmann, Werner, *Luther und die Folgen für die Kunst* (Hamburg, 1983), pp. 309–74

Hommes, Margriet van Eikema, and Elmer Kolfin, *De Oranjezaal in Huis ten Bosch* (Zwolle, 2013)

Israel, Jonathan, *The Dutch Republic: Its Rise, Greatness and*

Fall, 1477–1806 (Oxford, 1995)

Jardine, Lisa, *Going Dutch: How England Plundered Holland's Glory* (London, 2008)

Kaak, Joachim, *Rembrandts Grisaille 'Johannes der Täufer Predigend': Dekorum-Verstoß oder Ikonographie der Unmoral* (Hildesheim, 1994)

Kaplan, Benjamin, *Divided by Faith: Religious Conflict and the Practice of Toleration in Early Modern Europe* (Cambridge, ma, 2007)

Keblusek, Maria, and Jori Zijlmans, eds, *Princely Display: The Court of Frederik Hendrik of Orange and Amalia van Solms* (The Hague, 1997)

Kempers, Bram, 'Allegory and Symbolism in Rembrandt's *De eendracht van het land*: Images of Concord and Discord in Prints, Medals and Paintings', in *1648. Paix de Westphalie: l'art entre la guerre et la paix. Actes*, ed. Jacques Thuillier and Klaus Bussmann (Paris and Münster, 2000), pp. 71–113

Keyes, George, Tom Rassieur, and Dennis Weller, *Rembrandt in America: Collecting and Connoisseurship* (New York, 2011), esp. pp. 113–39

Kistemaker, Renée, and Roelof van Gelder, *Amsterdam: The Golden Age, 1275–1795*, trans. Paul Foulkes (New York, 1983)

Kok, Erna, 'Culturele Ondernemers in de Gouden Eeuw', PhD thesis, University of Amsterdam (2013)

Lammertse, Friso, and Jaap van der Veen, *Uylenburgh & Son: Art and Commerce from Rembrandt to De Lairesse, 1625–1675*, exh. cat., Amsterdam, Rembrandthuis (Amsterdam, 2006)

Lamster, Mark, *Master of Shadows: The Secret Diplomatic Career of the Painter Peter Paul Rubens* (New York, 2009)

McGrath, Elizabeth, and Jean Michel Massing, eds, *The Slave in European Art: From Renaissance Trophy to Abolitionist Emblem*

(London, 2012)

Massing, Jean Michel, *The Image of the Black in Western Art*, vol. iii, part 2: *From the 'Age of Discovery' to the Age of Abolition* (Cambridge, ma, 2011), esp. pp. 77–116, 143–82

Mosby, Dewey, ed., *Gods, Saints and Heroes: Dutch Painting in the Age of Rembrandt*, exh. cat., Washington, National Gallery of Art (Washington dc, 1980)

Müller, Jürgen, *Der sokratische Künstler: Studien zu Rembrandts 'Nachtwache'* (Leiden, 2015)

Nadler, Steven, *Rembrandt's Jews* (Chicago, il, 2003)

Parker, Geoffrey, *The Dutch Revolt* (Ithaca, NY, 1977)

—, *The Military Revolution: Military Innovation and the Rise of the West, 1500-1800* (Cambridge, 1988)

Perlove, Shelley, and Larry Silver, *Rembrandt's Faith: Church and Temple in the Dutch Golden Age* (University Park, pa, 2009)

Ploeg, Peter van der, and Carola Vermeeren, eds, *Princely Patrons: The Court of Frederick Hendrik of Orange and Amalia van Solms in The Hague* (The Hague, 1997)

Prak, Maarten, *The Dutch Republic in the Seventeenth Century: The Golden Age*, trans. Diane Webb (Cambridge, 2005)

Price, J. L., *Dutch Culture in the Golden Age* (London, 2011)

Riegl, Alois, *The Group Portraiture of Holland*, trans. Evelyn Kain (Los Angeles, ca, 1999)

Roodenburg, Herman, *The Eloquence of the Body: Perspectives on Gesture in the Early Dutch Republic* (Zwolle, 2004)

Rosenberg, Charles, *Rembrandt's Religious Prints: The Feddersen Collection at the Snite Museum of Art*, exh. cat., South Bend, Snite Museum (South Bend, in, 2017)

Rosenberg, Jakob, *Rembrandt: Life and Work* (London, 1964)

Russell, Margareta, 'The Iconography of Rembrandt's *Rape of*

Ganymede', *Simiolus*, ix (1977), pp. 5–18

Saslow, James, *Ganymede in the Renaissance: Homosexuality in Art and Society* (New Haven, ct, 1986)

Schama, Simon, *Rembrandt's Eyes* (New York, 1999)

Scheller, R. W., 'Rembrandt en de Encyclopedische Verzameling', *Oud Holland*, lxxxiv (1969), pp. 81–147

Schmidt, Benjamin, *Inventing Exoticism: Geography, Globalism, and Europe's Early Modern World* (Philadelphia, pa, 2015)

Schneider, Cynthia, *Rembrandt's Landscapes: Drawings and Prints* (Washington, dc, 1990)

Scholten, Frits, *Sumptuous Memories: Studies in Seventeenth-century Dutch Tomb Sculpture* (Zwolle, 2003)

Schwartz, Gary, *The Nightwatch* (Amsterdam, 2002)

—, *The Rembrandt Book* (New York, 2006)

—, *Rembrandt: His Life, His Paintings* (New York, 1985)

Slive, Seymour, *Frans Hals* (London, 2014)

—, *Rembrandt and His Critics, 1630–1730* (The Hague, 1953)

—, *Rembrandt Drawings* (Los Angeles, ca, 2009)

Sluijter, Eric Jan, *Rembrandt and the Female Nude* (Amsterdam, 2006)

—, *Rembrandt's Rivals: History Painting in Amsterdam, 1630–1650* (Amsterdam, 2015)

—, et al., eds, *Leidse Fijnschilders. Van Gerrit Dou tot Frans van Mieris de Jonge 1630–1760* (Zwolle, 1988; English summary)

Smith, David, *Masks of Wedlock: Seventeenth-century Dutch Marriage Portraiture* (Ann Arbor, mi, 1982)

—, 'Towards a Protestant Aesthetics: Rembrandt's 1655 *Sacrifice of Isaac*', *Art History*, iii (1985), pp. 290–302

Spies, Marijke, *Arctic Routes to Fabled Lands: Olivier Brunel and the Passage to China and Cathay in the Sixteenth Century*, trans.

Myra Heerspink Scholz (Amsterdam, 1997)

Stone-Ferrier, Linda, *Images of Textiles: The Weave of Seventeenth-century Dutch Art and Society* (Ann Arbor, mi, 1985), pp. 1–40

—, 'Rembrandt's Landscape Etchings: Defying Modernity's Encroachment', *Art History*, xv (1992), pp. 403–33

Straten, Roelof van, *Young Rembrandt: The Leiden Years, 1606–1632* (Leiden, 2005)

Strauss, Walter, and Marjon van der Meulen, *The Rembrandt Documents* (New York, 1977)

Sutton, Elizabeth, *Early Modern Dutch Prints of Africa* (Farnham, 2012)

Tummers, Anna, *Frans Hals: Eye to Eye with Rembrandt, Rubens and Titian* (Haarlem, 2013)

Tümpel, Astrid, and Peter Schatborn, *Pieter Lastman: The Man Who Taught Rembrandt* (Zwolle, 1991)

Tümpel, Christian, *Rembrandt: All Paintings in Colour* (Antwerp, 1993)

—, and Astrid Tümpel, *Rembrandt: Images and Metaphors* (London, 2006)

—, *Rembrandt legt die Bibel aus* (Berlin, 1970)

Visser't Hooft, W. A., *Rembrandt and the Gospel* (New York, 1960)

Waal, H. van de, *Steps toward Rembrandt* (Amsterdam, 1974), esp. pp. 28–72

—, '*The Syndics* and Their Legend', *Oud Holland*, lxxi (1956), pp. 61–107

Welu, James, 'Vermeer: His Cartographic Sources', *Art Bulletin*, lvii (1975), pp. 529–47

Westermann, Mariët, *Rembrandt* (London, 2000)

Wetering, Ernst van de, and Barnhard Schnackenburg, eds, *The*

Mystery of the Young Rembrandt (Kassel and Amsterdam, 2001)

Wheelock, Arthur, Jr, *Jan Lievens: A Dutch Master Rediscovered*, exh. cat., Washington, National Gallery of Art (Washington, dc, 2009)

—, *Rembrandt's Late Religious Portraits*, exh. cat., Washington, National Gallery of Art (Washington, dc, 2005)

—, and Adele Seeff, eds, *The Public and Private in Dutch Culture of the Golden Age* (Newark, de, 2000)

White, Christopher, *Rembrandt* (London, 1984)

—, and Quentin Buvelot, eds, *Rembrandt by Himself*, exh. cat., London, National Gallery; The Hague, Mauritshuis (London and The Hague, 1999)

Winkel, Marieke de, *Fashion and Fancy: Dress and Meaning in Rembrandt's Paintings* (Amsterdam, 2006)

Zandvliet, Kees, *Mapping for Money: Maps, Plans and Topographic Paintings and Their Role in Dutch Overseas Expansion during the 16th and 17th Centuries* (Amsterdam, 1998)

—, *The Dutch Encounter with Asia, 1600–1950* (Amsterdam, 2002)

Zell, Michael, *Reframing Rembrandt: Jews and the Christian Image in Seventeenth-century Amsterdam* (Berkeley, ca, 2009)

致谢

对于每一位曾帮助过我的作者，不论是直接还是间接的，我都非常感激。在对伦勃朗的研究中，这种情义是非常深刻又具有历史意义的。参考文献中列出了许多作家，还有更多人也应该被添加到列表中。虽然我无法逐一列出那些我有幸得以借鉴的伟大前辈，但我想先对那些对我进行过教导的智者表示感谢，其中有几位我曾有幸亲自接触过，他们是埃格伯特·哈维卡姆-本吉曼（Egbert Haverkamp-Begemann）、尤利乌斯·海尔德（Julius Held）、沃尔夫刚·斯特乔（Wolfgang Stechow）、克里斯蒂安·屯博尔（Christian Tümpel），以及对我个人来说具有特殊意义的、刚刚过世的硕士研究生导师西摩·斯利夫（Seymour Slive）。几位了不起的荷兰学者让我们看到了他们对伦勃朗的新认知，特别是艾伯特·布兰克特和埃里克·扬·斯卢伊特（Eric Jan Sluijter）；而就荷兰和阿姆斯特丹的历史和文化而言，我们应该特别感谢乔纳森·伊斯雷尔（Jonathan

Israel）、西蒙·沙玛（Simon Schama）和史蒂文·纳德勒（Steven Nadler）。

但在这个领域，我还要把在我的职业生涯中和我同期对伦勃朗进行研究的人员列出来，他们是：克里福德·阿克利（Clifford Ackley）、安·延森·亚当斯（Ann Jensen Adams）、彼得·范·德·科伦（Peter van der Coelen）、芭芭拉·格特根斯（Barbara Gaehtgens）、艾米·格拉尼（Amy Golahny）、乔治·凯斯（George Keyes）、约根·穆勒（Jürgen Müller）、辛西娅·施耐德（Cynthia Schneider）和琳达·斯通-费里尔（Linda Stone-Ferrier）。在研究伦勃朗的这个圈子中，还有几位同事和好朋友对我有着长时间的支持，有的甚至达到了半个世纪，他们是：玛格丽特·卡罗尔（Margaret Carroll）、佩里·查普曼（Perry Chapman）、保罗·克伦肖（Paul Crenshaw）、斯蒂芬妮·迪基（Stephanie Dickey）、加里·施瓦茨、马里埃特·韦斯特曼（Mariët Westermann）、亚瑟·惠洛克（Arthur Wheelock）和米迦勒·泽尔（Michael Zell）。感谢我最亲密的同事和朋友，他们相当于本书的共同作者，特别是劳埃德·德威特（Lloyd Dewitt）和阿内塔·乔吉夫斯卡·西恩（Aneta Georgievska-Shine），最后我要感谢最为重要的谢莉·珀洛夫（Shelley Perlove）：特别感谢谢莉，除了这本书之外，这是我能向她表达的最诚挚的谢意：几十年来，她为艺术史理论，不论是在阿尔卑斯南部还是北部，尤其是在伦勃朗研究上，都做出了杰出贡献。

在此我还要感谢一下我的家人。当作家在撰写某位艺术家的生平时，家庭的重要性始终会是传记的核心，对于作者来说亦如此。我自己的孩子扎卡里和劳拉都已经长大成人，各自的事业也做得很成功，他们教会了我始终保持谦逊。对于孩子们的母亲、与我相伴 40 年的妻子伊丽莎白·西尔弗 - 沙克（Elizabeth Silver-Schack），我想向她致以我最诚挚的感谢，谢谢她过去、现在直至永远对我的支持。

索引

伦勃朗作品

译后感

提起伦勃朗，相信很多人都很熟悉。他是欧洲现实主义绘画艺术的代表画家之一，也是 17 世纪荷兰黄金时代绘画的主要人物，被称为荷兰历史上最伟大的画家。在伦勃朗的职业生涯中，他一共创作了 600 多幅油画、300 多幅蚀刻画和 2000 多幅素描，此外还有 100 多幅自画像，留存下来的作品如今被收藏在各大博物馆和美术馆中。

不论是在图书馆里还是在网络上，关于伦勃朗及其作品的介绍有很多，有的是关于伦勃朗本人的，有的是关于他的绘画作品的，还有的是把二者结合在一起，既研究他的个人生活又讨论他的画法技巧。大部分出版物都是按照时间顺序对伦勃朗和他的作品进行的研究，但正如本书作者所言，这种做法其实是把伦勃朗给孤立起来了。因此，在撰写本书时，作者将重点放在了伦勃朗和他所处的环境上，包括周围的人事物对他本人和绘画风格所带来的影响。

从大的历史背景来说，荷兰当时正处在商贸极为发达的时期。荷兰东印度公司和荷兰西印度公司的成立，让荷兰人有机会把世界各地的货物运送到欧洲大陆，很多人通过贩卖这些新奇事物而发家致富。有了钱，就会想要炫富。除了买房之外，最能体现财富的方式便是绘制肖像画。彼时，教堂里的装饰画已接近饱和状态，画家们为了营生，便开始接单创作肖像画。伦勃朗就是在这样一个恰当的时机开启了他的职业生涯。

一、伦勃朗和他身边的人

伦勃朗出生在莱顿，父亲是磨坊主，母亲是面包师的女儿，他们一共有 9 个孩子，伦勃朗是众兄弟中最小的一个，在当时的荷兰社会来说，家境还算不错。伦勃朗 14 岁便进入了莱顿大学，但没过多久便辍学回家，因为他发现自己最热爱的还是绘画。于是，在 17 岁那年，他离开莱顿，动身前往阿姆斯特丹，拜彼得 · 拉斯特曼为师，开始系统地学习绘画。拉斯特曼曾去过意大利，他将 17 世纪初欧洲绘画中卡拉瓦乔对光线、明暗特有的戏剧化处理方式传授给了年轻的伦勃朗，这对他日后的绘画风格产生了非常深远的影响。伦勃朗的技艺提升得非常迅速，1625 年，他便回到莱顿创办了自己的工作室。

1631 年，伦勃朗再次离开莱顿，来到阿姆斯特丹。他有幸结识了画商亨德里克·乌伦博格，并开始在他的工作室工作。1632 年，《尼古拉斯·蒂尔普博士的解剖课》问世，这幅画让伦勃朗一夜成名。画家打破了传统集体肖像画给人的呆板印象，在构图和人物神态上均处理得逼真而生动，因而广受好评。

1634 年，伦勃朗迎娶了乌伦博格的侄女萨斯基亚为妻。萨斯基亚的父亲曾担任市长，这段婚姻也让伦勃朗成功跻身阿姆斯特丹的上流社会，能够接触到一众王孙贵族。17 世纪 30 年代，伦勃朗成为阿姆斯特丹最有名的画家之一，肖像画订单应接不暇，这也让伦勃朗年纪轻轻就积累了大笔财富。年轻的伦勃朗对以后的生活毫不担心，他以分期付款的方式，在阿姆斯特丹买下了一座豪宅，也就是如今的伦勃朗博物馆，与妻子在那里过起了幸福的生活。

伦勃朗和萨斯基亚一共生育了四个孩子，但只有第四个孩子——出生于 1641 年的泰特斯活了下来。多次生育让萨斯基亚的身体大不如前，在生完泰特斯后，她便卧床不起。为了能让妻子看到外面的世界，伦勃朗开始绘制风景画。他时常到运河附近溜达，把看到的风景描绘下来。

二、伦勃朗和发生在他身上的事

不论画家做了多少努力，萨斯基亚还是在 1642 年永久地离开了伦勃朗。就在同一年，画家创作了另外一幅极负盛名的作品《夜巡》。在荷兰 80 年战争期间，许多民兵组织相继成立。但在伦勃朗创作《夜巡》的时候，荷兰已经基本上实现了独立，这些民兵组织形同虚设，集体巡游便成为他们的一种日常活动。除此之外，成员们也热衷于绘制集体肖像画。费用是均摊在每个人头上的，因此在其他画家的画笔下，民兵组织的成员们就像在拍毕业照一样，所占的篇幅基本一样，排列也非常整齐。

而伦勃朗的构图则打破了这种传统模式，他将主要人物放在了画面中心，通过对人物错落有致的排列和明暗对比，让画面看上去非常有立体感。但这种做法显然激怒了雇主们。大家都是花同样的钱，凭什么他在前我在后，凭什么他的头大我的头小？虽然最终雇主们还是肯定了画家的做法，也如约将费用支付给了画家，但不知是不是巧合，从这幅画开始，伦勃朗的事业走上了下坡路。

为了照顾年幼的孩子，伦勃朗聘请了一位保姆，她就是基尔蒂·迪尔克斯。迪尔克斯一心想和伦勃朗结婚，但画家并无此意，她便在幼小的孩童面前号啕大哭，这让伦勃朗更加难以忍受。就在这一时期，伦勃朗结识了年轻的亨德里克耶·斯托弗斯，最终把迪尔克斯赶出了家门。迪尔克斯心生不满，一纸诉状将伦勃朗告上了法庭，并赢得了这场官司。伦勃朗不得不支付给她高额的赡养费和养老金，而在彼时，伦勃朗的肖像画订单已经寥寥无几，购买收藏品和支付房贷已经让画家入不敷出，1656 年，他不得不申请破产。

晚年的伦勃朗成为一个几乎无人问津的画家。但阿姆斯特丹新市政厅的修建，让画家再次回到了大众视野。委员会邀请了一众画家来为新市政厅绘制装饰画，其中包括很多伦勃朗的学生，但因为画家离世后任务还没完成，委员会不得不请伦勃朗再次出山。

伦勃朗也借此机会创作了他职业生涯中最恢宏的一幅画——《克劳狄乌斯·西维利斯的誓言》。但这幅画作依然没有让雇主们满意，在市政厅挂了两天，便被扯了下来，委员们甚至要毁掉这幅画，伦勃朗拼尽全力才抢回了中间的一小部分，也就是我们如今看到的这幅作品。

三、伦勃朗和他收藏的物品

在 1656 年的破产清单中，人们发现了大量关于伦勃朗收藏的物品的记录。而画家也把这些收藏品描绘在了他的画作中。以《天堂鸟》为例，这本是伦勃朗收藏的一个来自巴布亚新几内亚的动物标本，伦勃朗在创作这幅画时，只绘制了它长长的羽毛，却没有腿，因为这只鸟被做成标本运送到荷兰时就是这个样子。这种写实的表现手法也对后世产生了深远影响，人们一度以为天堂鸟是一种无腿的动物，所以它们才要一直飞。

在画家的一生中，对其产生影响的人事物还有很多很多，在此就不一一列举了。希望通过本书，读者们能对这位伟大的荷兰画家有一个全新的认识。

图字：01-2018-8461号

图书在版编目（CIP）数据

伦勃朗画笔下的荷兰 /（美）拉里 · 西尔弗（Larry Silver）著；徐明皓 译 . —北京：东方出版社，2021.5
书名原文：Rembrandt's Holland
ISBN 978-7-5207-1670-3

Ⅰ. ①伦…　Ⅱ. ①拉… ②徐…　Ⅲ. ①伦勃朗（Rembrandt, Harmensz van Rijn 1606–1669）—传记　Ⅳ. ① K835.635.72

中国版本图书馆 CIP 数据核字（2021）第 045616 号

伦勃朗画笔下的荷兰
（LUNBOLANG HUABIXIADE HELAN）

作　　者：[美] 拉里 · 西尔弗
译　　者：徐明皓
责任编辑：朱　然
出　　版：东方出版社
发　　行：人民东方出版传媒有限公司
地　　址：北京市西城区北三环中路 6 号
邮　　编：100120
印　　刷：北京联兴盛业印刷股份有限公司
版　　次：2021 年 5 月第 1 版
印　　次：2021 年 5 月第 1 次印刷
开　　本：880 毫米 ×1230 毫米　1/32
印　　张：8.125
字　　数：88 千字
书　　号：ISBN 978-7-5207-1670-3
定　　价：89.80 元
发行电话：（010）85924663　85924644　85924641